나와 세상을 만나는

온작품 읽기

1

나와 세상을 만나는

온작품 읽기 ①

자존감을 키우는
그림책 여행

전국초등국어교과모임 연꽃누리 지음

Humanist

머리말

'나와 세상을 만나는 온작품읽기' 여행을 떠나며

2009년, 《그림책 읽는 즐거운 교실》(나라말)이 세상에 나왔다. 전국초등국어교과모임 시흥 작은 모임인 '연꽃누리'가 그림책 공부를 시작한 지 4년째 되던 해이다. 3년 동안 아이들과 그림책으로 살아간 이야기를 여러 선생님과 나누자는 큰 꿈이 결실을 맺은 것이다. 그 책은 아이들과 학교에서 만나는 아홉 달 동안 달마다 한 가지 주제를 정해서 공부한 이야기를 담고 있다. 3월에는 시작, 4월은 편견, 5월은 식구, 6월은 평화, 7월은 환경, 9월은 전통, 10월은 책, 11월은 예술, 12월은 고마움을 주제로 그림책을 정하고 활동했다. 주제를 중심으로 활동한 것이라 특정 교과 시간이 아니라 이 책이 나올 때는 '재량 시간'이라 불렸던 시간에 할 만한 수업이었다. 지금은 '창의적 체험 활동' 시간에 할 수 있고 혁신학교를 비롯하여 교육과정 재구성을 하는 곳에서 아주 유용하게 쓸 수 있다. 그런데 아쉽게도 이 책에 소개되었던 80권 정도 되는 그림책 가운데는 현재 절판되어 손에 넣을 수 없는 책이 많다.

2014년에 《그림책 읽는 즐거운 교실 2》(휴머니스트)가 나왔다. 《그림책 읽는 즐거운 교실》이 《그림책 읽는 즐거운 교실 1》(휴머니스트)로 출판사를 바꾸어 나온 때는 2013년이다. 그림책과 가장 가까운 교과, 그림책을 가장 많이 볼 수 있는 시간인 국어 시간에 볼만한 그림책들을 담을 그릇이 있으면 좋겠다는 생각을 가지고 5년 동안 공부한 결과이다. 국어과 성취기준 가운데 여러 학년에 걸쳐 두루두루 나오는 아홉 가지를 뽑아서 국어 교과서가 아닌 그림책으로 하는 수업을 제안했다. 설명하기, 설명하는 글쓰기, 설득하기, 광고, 인물, 이야기 예측하기, 이야기 쓰기, 칭찬·사과·축하, 문법을 이야기할 때 멋진 짝꿍이 되길 바랐다.

2015년에 '연꽃누리'는 열 살이 되었다. 그동안 글쓰기, 시, 교육 도서 읽기, 동화 읽기, 활동지 만들기, 수학 수업 같은 여러 가지를 공부했고 공부한 내용은 해마다 달랐다. 하지만 그림책은 빠지지 않고 늘 함께했다. 새로 나온 그림책을 골라 와서 돌려 읽고 이야기를 나누고 감상문이나 비평문을 쓰기도 했다. 나름대로 수업을 짜서 그림책으로 수업한 이야기를 나누기도 했다. 그러다 1, 2학년 통합 교과에 '나'가 나오게 되었다. '나'에 대한 공부는 1~2학년 때만 하고 말 게 아니라 초등학교 6년 내내, 아니 평생을 해야 하는 공부라는 데 한목소리를 냈다. 그래서 그림책으로 나와 세상에 대해 공부해 보자고 했다.

나를 제대로 아는 것은 참 중요하다. 내가 바로 서야 세상에서 바로 서서 살아갈 수 있다. 나라는 존재는 홀로 떨어져서 저기 멀리 따로 존재하는 것이 아니기 때문이다. 나를 안다는 것, 나를 키우고 가꾼다는 것은 어떤 뜻인지부터 이야기를 나누고 흐름을 잡아 나갔다. 그래서 '나와 세상을 만나는 온작품읽기 1'은 '자존감을 키우는 그림책 여행'이라는 부제 아래 여덟 가지 길로 나아가게 되었다. '이름, 겉모습, 소중한 물건, 소중한 사람, 좋아하는 것, 잘하는 것, 중요한 것, 되고 싶은 사람'이 여행지이다. 나보다 남이 더 많이 사용하는 이름에서도 알 수 있듯이 나에 대한 공부는 너에 대한 공부이고 우리에 대한 공부이다. 자신에 대해 잘 아는 것은 자신감과 자존감을 높이는 바탕이 된다. 자신의 여러 모습을 찾아보며 자신에 대해 조금 더 깊게 생각하게 되고 서로의 그런 모습을 인정해 나가기 때문이다.

'나와 세상을 만나는 온작품읽기 2'는 아이들이 만나는 세상에 대한 이야기로 많은 사람들, 다양한 생명들과 함께 살아가는 데 필요한 것을 이야기하고 있어 '사회성을 기르는 그림책 여행'이라는 부제를 붙이게 되었다. 아이들이 제일 먼저 만나는 세상은 가족이고 그다음은 친구이다. 가족과 친구에 대해 어떤 공부를 할 것인지를 정할 때는 그 세상에서 조금 더 필요한 것, 있으면 좋겠는 것을 떠올렸다. 그렇게 해서 나온 것이 가족과의 소통, 친구와의 배려이다. 가족과 친구를 넘어 더 넓은 세상인 어른과 어린이 사이에는 존중, 인간과 다른 생명들의 관계에서는 공존, 이 세상 모든 생명과는 평화, 사람들 사이에서는 인권을 중요한 이야깃거리로 잡았다.

앞서 나온 두 권의 책과 달리 모든 활동에 활동지를 만들어서 수업했다. 활동지는 학습지와 달리 수업의 흐름을 담고 있고, 말하기, 듣기, 읽기, 쓰기는 물론 여러 가지 표현 활동을 포함하고 있다. 수업하기 전에 활동지를 미리 보면 우리 반 아이들에 맞게 어떤 부분을 빼고 어떤 부분을 넣을지 판단하는 데 큰 도움이 될 것이다.

활동을 열어 주고 배움을 깊게 해 주는 그림책을 고르는 데도 정성을 쏟았다. 문학성이 높은 그림책을 고르되 최근에 나온 작품을 중심으로 골랐다. 또 되도록 우리말의 느낌을 잘 살린 우리나라 작가의 작품을 고르려고 애썼다.

저학년 아이들과 고학년 아이들은 겪고 생각하고 표현하는 데 차이가 있다. 물론 함께 할 수 있는 것들도 많다. 그래서 때로는 함께 활동하고 때로는 저학년과 고학년으로 활동을 나누었다.

전국초등국어교과모임에서 '온작품읽기' 운동을 하자고 이야기한 후 지역의 작은 모임들은 온작품읽기에 힘썼고 책을 출간하기도 했다. 우리 '연꽃누리'도 그랬다. 온작품읽기로 만날 수 있는 여러 가지 작품 가운데 그림책을 골랐고 〈지식채널 e〉 영상이나 다큐멘터리, 동화책을 그림책 등가로 골라서 함께 읽었다. 온작품읽기를 할 때, 수업에서 사용할 텍스트를 고민할 때, 하나의 흐름을 가진 활동을 만들고 싶을 때 이 책이 도움이 되면 좋겠다.

길을 열어 준 전국초등국어교과모임, 연꽃누리가 내는 책을 믿어 주고 기다려 주신 전국의 선생님들, 세 번째 작업을 함께할 수 있게 도와주신 휴머니스트 출판사에 감사의 말씀을 드린다.

2018년 2월
전국초등국어교과모임 연꽃누리

차례

하나 부를수록 가까워져요 이름

둘 저마다의 아름다움 겉모습

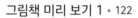

부를수록 가까워져요

이름

그림책 미리 보기 1

난 내 이름이 참 좋아!
케빈 헹크스 글·그림 | 이혜경 옮김 | 비룡소

《난 내 이름이 참 좋아!》는 《내 사랑 뿌뿌》의 작가 케빈 헹크스의 작품이다. 제목을 보고 아이들에게 자기 이름이 마음에 드는지 물어보자. 좋으면 좋은 대로 싫으면 싫은 대로, 아이들의 이야기를 들어 보고 그림책을 펼치면 좋다.

노란 국화, 노란 면지가 환하게 다가온다. 크리샌써멈, 국화란 뜻의 이름을 가진 주인공은 자기 이름을 참 좋아한다. 학교에 들어가기 전까지는. 부모님도 그 이름은 나무랄 데 없이 좋은 이름이라고 말씀하신다. 하지만 학교에 간 첫날, 아이들은 이름이 너무 길다고 웃는다. 다음 날은 꽃이니까 꺾자고 놀린다. 그런 아이들을 당해 낼 힘이 없는 주인공은 집으로 돌아와 엄마 아빠에게 위로받는 일을 반복한다.

어떻게 하면 크리샌써멈이 엄마 아빠가 없는 학교에서 "난 내 이름이 참 좋아!"라고 기분 좋게 말할 수 있을까?

나도 내 이름을 싫어했었는데, 지금은 반성하고 있다. 부모님께서 지어 주신 이름이니까, 흔한 이름지만 내 이름을 사랑하고 좋아하고 예뻐해 줄 것이다.

이름은 정말 좋다. 각자 다른 이름이라서 더 좋다. 다 똑같은 이름이었다면 어땠을까? 친구를 부를 때도 헷갈렸을 것이다. 각자 이름에 뜻이 있는 것도 좋다. 서로 좋은 뜻이 담긴 이름을 부르는 것이 되니까 말이다. 하지만 별명을 불러도 그렇게 기분이 나쁘지는 않다. 나는 내 이름이 제일 좋다.

내 성이 '양'이어서 애들이 '양'이라고 놀리기도 한다. 그래서 크리샌써멈의 기분을 알 것 같다. 생각보다 스트레스를 엄청나게 많이 받는다. 내가 양씨든 말든 상관을 하지 않으면 좋겠다. 성도 바꾸고 싶어 했다. 그래서 이름을 가지고 뭐라고 하지 않으면 좋겠다.

이름은 부모님이 지어 주신 소중한 것이다. 그런데 친구들이 놀린다고 자기 이름을 싫어하면 안 된다고 생각한다. 자신의 이름이 예쁘다고 생각하면 예쁜 것이고, 이상하다고 생각하면 이상한 것이다. 그러니 자신의 이름은 소중히 당당하게 말할 수 있어야 한다.

이름이 꽃 이름이라도 나무랄 데가 없는 이름이라고 스스로 말하는 것을 보고 감동받았다. 내가 크리센써멈이었다면 이름을 바꿔 달라고 부모님께 말씀드렸을 것 같다. 나도 내 이름을 자랑스럽게 여기고 이름을 지어 주신 부모님께 감사해야 할 것 같다. 빅토리아 같은 사람이 되지 않아야겠다.

그림책 활동지 이름을 부르며 알아 가요

1 그림책 《난 내 이름이 참 좋아!》를 감상해 보세요.

2 자기 이름에 대한 이야기를 해 보세요.

3 모둠 친구들과 이름에 대한 이야기를 나누어 보세요.

이름	이름에 대한 느낌	들은 이야기

4 자기의 별명에 대해 이야기해 보세요.

5 별명에 대해 모둠 친구들과 이야기를 나누어 보세요.

6 사람들이 내 이름을 부르지 않고 다르게 부를 때는 언제인가요? 어떻게 부르고, 그때 기분은 어떤가요?

7 자기 이름으로 삼행시를 지어 보세요.

8 친구들이 지은 삼행시를 들어 보세요.

9 김춘수의 시 〈꽃〉을 읽고 '이름을 부른다'는 것이 어떤 뜻인지 생각해 보세요. '꽃'
이 뜻하는 것이 무엇인지도 써 보세요.

① '이름을 부른다'는 것은 어떤 뜻?
② '꽃'이 뜻하는 것은?

내가 그의 이름을 불러 주기 전에는 / 그는 다만

하나의 몸짓에 지나지 않았다 //

내가 그의 이름을 불러 주었을 때 / 그는 나에게로 와서 / 꽃이 되었다 //

내가 그의 이름을 불러 준 것처럼 / 나의 이 빛깔과 향기에 알맞는

누가 나의 이름을 불러 다오 / 그에게로 가서 나도 그의 꽃이 되고 싶다 //

우리들은 모두 / 무엇이 되고 싶다

나는 너에게 너는 나에게 / 잊혀지지 않는 하나의 의미가 되고 싶다

10 활동을 통해 배우고 느끼고 깨달은 점을 써 보세요.

아이들 활동 엿보기

■ **자기 이름에 대해 이야기해 보세요.**

- 나는 내 이름이 마음에 든다. 강예린이라는 이름이 흔하지 않아서 성을 안 불러도 구별할 수 있어서 좋고, '밝을 예, 밝을 린'이라는 뜻도 좋기 때문이다.

- 나는 내 이름이 마음에 들 때도 있고 안 들 때도 있다. 내 이름이 너무나도 흔해서 병원에 가면 몇 명이 답한다.(김민정)

- 마음에 든다. 나라의 터를 지키는 사람이 되라는 뜻이 있기 때문이다.(송기수)

- 외삼촌이 작명소에서 지어 오신 이름이다. 중성적인 이름이라서 남자 이름 같기도 하지만 특별해서 좋다.(은석)

- 작년에 음악 줄넘기 할 때 1학년 김정민도 있어 음악 줄넘기 선생님이 '1학년 김정민', '2학년 김정민'이라고 불렀다.

- 아빠가 한자 책을 펼치고 어떤 뜻이 좋을까, 어떻게 부르기 쉽게 지어 줄까 고민하다가 많이 빛나라는 뜻으로 '다빈'이라고 지어 주셨다.

- 내 이름 이상준의 뜻은 '오히려 상, 준걸 준'으로 '오히려 뛰어나다'는 뜻이다. 똑똑해 보여서 마음에 든다.

■ **모둠 친구들과 이름에 대한 이야기를 나누어 보세요.**

김홍현 홍홍홍 웃을 것 같은 느낌이 든다.

홍건우 부드럽다. 홍삼이 생각난다.

문수정 맑고 깨끗하다. 뜻이 예뻐서 마음에 든다.

문기윤 귀여운 꼬마 같다. 넓은 마음을 갖고 살라는 뜻이다.

송기수 동네 오빠. 친근할 것 같다. 할아버지가 지어 주셨다.

이진서 뭔가 소심할 것 같은 느낌이 든다. 부모님이 지어 주신 이름이어서 소
중하다.

이건희 여자인데 약간은 남자 같은 느낌도 있다. 건강하라는 뜻이다.

강예린 힘세고 기가 셀 것 같다. '친구 강, 맑을 예, 맑을 린'이라고 한다.

정혜민 '나라 정, 은혜 혜, 백성 민' 뜻을 아니까 이름이 더 멋지게 느껴진다.

전가을 가을에 태어나서 가을이라고 한다. 가을이는 자기 이름이 마음에 안
든다고 하는데, 나는 가을 느낌이 나서 좋은 것 같다.

■ **자기의 별명에 대해 이야기해 보세요.**

• 나는 별명이 없다. 나쁜 별명이 없어서 좋지만, 좋은 별명이 있으면 좋겠
다. 나한테 어울리는 별명을 지어 줬으면 좋겠다.

• 내 별명은 없다. 하지만 계속 없었으면 좋겠다.

• 3학년 때 별명은 '마늠이'였다. 왜냐하면 3학년 때 애들이 내가 공부를 잘한
다고 생각했기 때문이다. 그런데 왠지 부담감이 들어서 안 부르면 좋겠다.

• 책벌레, 잔소리 대마왕. 책벌레는 괜찮은데 잔소리 대마왕은 싫다.

• 오징어. 일곱 살 때 내가 다리가 유연하고 오씨라서 사범님도 그렇게 불렀
고, 유치원 때 친구들도 그렇게 부른다. 짜증나고 화난다.

• 민솔빵. 일곱 살 때 언니가 지음. 옛날에 얼굴이 빵빵했기 때문.

• 대두. 머리가 크다고 친구들이 그렇게 부르면 스트레스 받고 짜증난다.

• 아빠가 나를 자연스럽게 뚱땡이라고 부른다. 내가 뚱뚱하기 때문이다. 이
제 익숙해져서 기분이 안 좋지는 않다.

• 여시은을 빨리 말하면 '여신'이 된다. 어릴 때 아이들이 그렇게 불렀다. 여
신이라고 불러 주면 고마운데 몇몇 애들은 "네가 왜 여신이냐?"라고 말해
서 속상했다.

■ **별명에 대해 모둠 친구들과 이야기를 나누어 보세요.**

- 기왕이면 별명을 많이 안 부르는 게 좋을 것 같다. 어쩔 때는 기분이 나쁠 수도 있기 때문이다.

- 별명이 없어서 섭섭한 애도 있다는 것을 알았고, 앞으로 싫어하는 별명은 부르지 말아야겠다.

- 대부분 친구들이 싫어하는 별명으로 불리고 있어서 안 부르는 게 좋을 것 같다.

- 친구들이 자기 별명이 다 싫어서 고생 좀 했겠고, 그 별명을 부르지 않아야겠다.

- 친구들은 친한 친구들이 별명을 부르는 것은 괜찮지만 안 친한 친구가 별명을 부르면 싫다고 했다. 별명을 부르는 것도 상황과 대상에 따라 다른 느낌이다.

■ **사람들이 내 이름을 부르지 않고 다르게 부를 때는 언제인가요? 어떻게 부르고, 그때 기분은 어떤가요?**

- 내 이름의 마지막 자를 빼고 '김민'이라고 부르거나 '김만정'이라고 부른다. 그때는 기분이 굉장히 나쁘고 끓어오르는 분노를 다스릴 수가 없다.

- 엄마가 심부름 시킬 때 '콩쥐'라고 부르는데, 내 좋은 이름이 있는데 왜 굳이 그렇게 부르는지 이해가 안 된다.

- 남자애들이 "야!"라고 부르면 정말 기분이 나쁘고, 내 이름을 불러 주면 기분이 좋다. "야!"라고 부르지 말고 이름을 불러 주면 좋겠다.

- "야!"라고 부를 때 되게 기분이 좋지 않다. 나도 걔네들한테 "야!"라고 부르고 싶다.

- 강아지. 너무 부담스럽다.

- 축구할 때 "야!"라고 부르면 나를 무시하는 것 같다.
- 할머니가 나에게 "우리 강아지"라고 부르실 때 나는 기분이 좋다.
- 할머니들이 날 "강아지"라고 부를 때, 나도 많이 컸는데 강아지라고 해서 짜증났다.
- 언니가 "야!"라고 부를 때 짜증나고 계속 심부름만 시키니까 속상하다.
- 친구들끼리 놀 때 날 별명으로 잘 부르는데 기분은 그저 그렇다. 약간 기분 나쁠 때도 있는데, 계속 그러면 전신 마사지를 고통스럽게 해 준다.
- 부모님이 "우리 예쁜 딸"이라고 해 줄 때 뭔가 기쁘다. 부모님의 사랑이 느껴진다.

■ 자기 이름으로 삼행시를 지어 보세요.

한 명씩 나와 이름을 쓰고, 친구들이 한 글자씩 불러 주면 삼행시를 읊는다.

임 임무를 맡았다.
마 마음을 단단히 먹어야겠다.
루 루비의 반짝임처럼 임무를 열심히 해야겠다.

문 문어처럼 먹물을 뿌리기 싫어요.
기 기운을 내고 싶어요.
윤 윤기도 나고 싶어요.

차 차가워 보이지만
수 수수하고
빈 빈틈이 없는 차수빈

조 조롱박처럼 동글동글한 세상의
희 희망찬 내일을 위한 마법은
수 수리수리 마수리 얍!

오 오늘을 기다리고 기다려서
수 수요일 아침 5학년 3반에서 선생님을 만났기 때문에
빈 빈 수레가 되지 않도록 머리와 마음을 꽉꽉 채우는 우리 반이 되자!

양 양껏 먹는다.
현 현명하고 가끔은 건망증처럼 무엇을 잊어버린다.
정 정말 노는 걸 좋아한다.

김 김을, 그것도 맨김을 좋아하고
민 민들레를 좋아하는
정 정말 평범한 학생

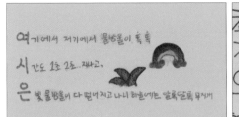 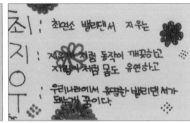

이름 삼행시 책갈피

■ **김춘수의 시 〈꽃〉에서 '이름을 부른다'는 것은 어떤 뜻인가요?**

관심을 준다 / 아름다움을 말한다 / 장점을 얘기해 준다 / 나를 생각해 달라 / 같이 놀 수 있다 / 나도 누군가에게 도움이 되고 싶다 / 마음을 편하게 해 준다 / 아끼는 사람에게 속삭이는 것 / 친구를 무시하지 않는다 / 존중한다 / 자신에게 소중한 관계가 되었다 / 정을 준다 / 특별한 의미를 부여한다

■ **김춘수의 시 〈꽃〉에서 '꽃'이 뜻하는 것은 무엇일까요?**

친구 / 행복 / 아름다운 사람 / 향기 / 사랑하는 사람 / 한 사람 / 도움 / 웃음 / 용기 / 마음 / 식구 / 같이 있을 수 있는 사람

■ **활동을 통해 배우고 느끼고 깨달은 점을 써 보세요.**

• 사람은 별명을 불러 주기보다는 이름을 불러 주면 더 친근감이 들고, 이름을 불러 준 사람과 친해지기 좋은 거 같다. 그러니 이제부터 이름을 불러야겠다.

• 일단 이름이 얼마나 소중한 것인지 깨닫게 되었다. 별명 때문에 스트레스를 받는 친구들도 있었는데, 생각해 보니 나도 그 느낌을 알 것 같다. 이렇게 이름에 대해서 알아보니 좋은 점이 많은 것 같기도 하다. 앞으로 이름 가지

고 친구들이 나한테 뭐라고 하더라도, 나는 내 이름이 소중하다고 계속 생각해야겠다는 걸 배웠다.

- 이름이 얼마나 소중한지, 내 삶에서 '이름'이라는 작은 단어가 얼마나 큰 영향을 줬는지 느끼게 되었다. 상대가 나의 이름을 불러 주는 게 얼마나 고맙고 행복한 건지도 알게 되었다. 이제 내 이름에 더 만족하는 내가 되고 싶다.

- 이름을 부르는 것과 '야, 너, 어이' 같은 말로 부를 때 확실히 차이가 난다는 것을 알았다. 이름을 부르면 좀 더 친근감이 느껴지는데, '야' 같은 말로 부르면 좀 더 공격적인 느낌이 든다. 앞으로 누구를 부를 땐 이름을 불러야겠다.

- 13년 만에 내 이름의 뜻을 알게 되었다. 친구들이 별명을 싫어한다는 것도 알았으니 이제 이름을 불러 주어야겠다. 이름을 불러 더 가까워지고 우리가 서로에게 꽃이 되면 좋겠다.

그림책 미리 보기 2

이름 짓기 좋아하는 할머니

신시아 라일런트 글·캐스린 브라운 그림 │ 신형건 옮김 │ 보물창고

"아름다운 세상을 함께 살아가는 소중한 이름들에게"

작가가 이야기에 앞서서 한 말이다. 맞다, 우리는 수많은 이름과 함께 살아가고 있다.

그림책을 보기 전에 무언가에 이름을 붙여 본 적이 있는지 물어보고 이야기꽃을 피우면 좋겠다. 아이들은 주로 자신과 오랜 시간을 함께 보낸 소중한 물건에는 이름을 붙여 주니까, 이야기할 게 많다. 제목을 보고 할머니가 어떤 것에 이름을 붙일지, 표지 그림을 보고 짐작해 보는 것도 좋다.

이름 짓기를 무척 좋아해서 낡은 자가용, 헌 의자, 침대, 집에까지 이름을 붙여 준 할머니. 그런데 모든 것이 아니라 자신보다 더 오래 살 것들에게만 이름을 지어 준다. 그런 할머니에게 표지에 나오는 강아지 한 마리가 나타난다. 할머니는 이 강아지에게 이름을 붙여 줄까?

이름을 부른다는 것, 이름을 지어 준다는 것이 어떤 뜻인지 가만히 생각하게 되는 작품이다.

이름 하나하나가 정말 행운인 것 같다. 만약 그 이름을 갖고 있는 사람이 죽어도 다른 사람이 소중히 간직해 주고 자꾸 생각해 주면 행복할 것이다. ¶

이름을 지어 준다는 것은 내가 관심을 가지고 싶다는 뜻 같다. 친구가 있다는 건 정말 좋은 거구나. 내가 힘들 때 곁에 있어 주는 아름다운 사람, 친구. ¶

이름을 짓는 게 참 좋다는 것을 깨달았다. 이름을 지을 때 나도 좋은 뜻을 갖고 지어야겠다. 아니면 할머니처럼 지금은 없는 나의 중요한 물건이나 사람을 생각하며 지어야겠다. ¶

누구든지, 무엇이 됐든지 이름이 있다는 것은 참 중요한 것 같다. 그리고 우리 집 개도 자신의 이름을 부르면 나를 쳐다본다. ¶

할머니는 자신이 외롭지 않기 위해서 이름 짓기를 시작한 것 같다. 그렇게 하면 물건이 친구처럼 느껴지고 친근한 느낌이 들 것 같다. ¶

그림책 활동지 이름을 짓고 불러요

1 이름을 짓거나 붙인다는 건 어떤 뜻일까요?

2 그림책 《이름 짓기 좋아하는 할머니》를 감상해 보세요.

3 할머니가 강아지에게 이름을 지어 준 까닭은 무엇일지 써 보세요.

4-1 이름을 지어 주고 싶은 대상을 세 가지만 써 보세요.

4-2 그 대상들의 공통점은 무엇인가요?

하나 부를수록 가까워져요

4-3 각 대상에 어울리는 이름을 짓고, 그렇게 이름 붙인 까닭을 써 보세요.

대상	이름	이름 붙인 까닭

5 활동을 통해 배우고 느끼고 깨달은 점을 써 보세요.

아이들 활동 엿보기

■ **이름을 짓는다는 것은 어떤 뜻일까요?**

평생 잊지 않는다 / 중요하다 / 나의 것이 된다 / 평생 말한다 / 소중하다 / 좋아하고 아낀다 / 관심이 있다 / 내가 그만큼 좋아하고 소중히 여긴다 / 좋은 특징이 있다 / 소중히 간직한다 / 평생 함께할 것을 약속한다 / 나의 보물이 된다 / 더 아끼고 더 사랑한다

■ **이름을 지어 주고 싶은 것들의 공통점은 무엇인가요?**

• 아끼고 사랑하고 잃어버리기 싫은 것

• 평소에 자주 사용하거나 오랫동안 사용한 것

• 내가 좋아하는 것들

• 내가 많이 소중히 여기는 것

• 요즘에 좋아하고 관심 있는 것들

• 사용할 수 있다

• 동생은 못하는 것

• 평생 간직하고 싶은 것

• 쓰는 게 재미있거나 쓰면 행복해지는 것

• 항상 쓰는 것

• 내 것

■ **이름을 지어 보세요.**

빵빵이(저금통) / 땡띵꽂이(직접 만든 도자기 연필꽂이) / 윤슬(침대) / 연두(강아지 인

형) / 굴구리(인라인스케이트) / 따끈이(이불) / 보들이(고양이용 방석) / 마실이(물통) / 뎅동(피아노) / 삐빅이(버스카드) / 척돌이(손목시계) / 빡빡이(지우개) / 빨라(자전거) / 모아모아 만들어요(1000조각 퍼즐) / 털털이(시계반지) / 구름(침대) / 톡톡(배드민턴 라켓) / 다다다닥(큐브) / 피겨왕(샤프) / 판도라의 상자(나만의 비밀 상자) / 함정(스마트폰) / 따릉이(자전거) / 뚜벅이(신발) / 불툭이(달팽이) / 노랑이(방) / 굴렁쉬(자전거)

■ **활동을 통해 배우고 느끼고 깨달은 점을 써 보세요.**

이름이 생긴 물건들

오늘 아틀리에와 모둠 바구니, 개인 놀이터 이름을 지었다. 나는 모둠 바구니를 '멋진 한아름'이라고 지었다. 우리 반이 정한 이름은 '멋통'이 되었다. 이름이 뭔가 조금 더 멋지다. 그리고 아틀리에는 '꿈놀이터'라고 지었는데 조금 친근하고 재미있는 이름인 거 같다. 다른 모둠은 좋은 생각이 많은데, 우리 모둠은 멋지지만 좀 관련이 없는 게 많아서 아쉽다. 개인 놀이터는 좀 흥미로운 이름이 많았다. 이런 것들에 이름을 지어 주는 우리가 멋지다. 그리고 지금 이름이 생긴 멋통(모둠 바구니), 책방(개인 놀이터)은 기분이 좋을 거 같다.

- 이름이 있으면 더욱 친근하고 따뜻하고 사랑하게 되는 것 같다. 다른 것에도 이름을 지어 주어야겠다.
- 이름을 지을 대상은 정말 많은 것 같다. 강아지, 모자, 스마트폰 등 정말 많다. 앞으로 누군가가 우리 가족이 되면 이름을 붙여 줘야겠다.
- 정말로 이름을 짓거나 붙인다는 것은 그만큼 소중히 여기고 좋아한다는 뜻

같다. 이름을 붙이려면 그 물건의 특징에 대해서도 알아야 돼서 꽤나 어려운 것 같다.

• 이름 짓는 게 이렇게 재미있는 것인지 이제 알았고, 좋아하는 걸 더 생각하게 되었다.

• 이름 짓는 건 누구나 할 수 있는 일이라고 생각했는데 아무나 할 수 없다는 걸 알았다.

• 친구들이 좋아하는 것을 알 수 있었고, 이름을 붙이는 의미와 이름이 굉장히 소중하다는 것을 깨달았다.

• 이름도 재미있게 짓고, 앞으로 더 사랑할 것이다.

함께 볼만한 그림책

별명 그리는 아이

염은비 글·그림 | 정글짐북스

너무 많아도 고민, 없어도 고민인 별명. 나를 부르는 또 다른 이름이지만, 마음에 들 때보다 아닐 때가 더 많다. 그래서 별명 때문에 상처를 받는 아이들을 자주 만나게 된다. 이 그림책을 보고 별명에 대해 이야기를 나누다 보면, 자연스럽게 '아, 이 친구는 이런 별명을 부르면 싫어하는구나!' 알게 되고 조심하게 된다. 좋은 뜻을 가지고 있고 부르기도 좋은 별명을 함께 만들어 가는 시간을 가져 보면 좋겠다.

도둑맞은 이름

호세 안토니오 타시에스 글·그림 | 성초림 옮김 | 푸른숲주니어

표지에서부터 강하게 풍기는 독특함. 그 독특한 얼굴이 이름이 없기 때문이라는 것을 알면서부터는 마음이 참 아파 온다. 마지막으로 이름을 부르고 이야기를 들어 주는 사람, '누군가'가 아니라 '우리'가 되면 좋겠다. 5학년 아이들도 어려워할 수 있는 작품이지만, 이름을 부르는 것, 특히 힘들어하는 친구의 이름을 부르는 것이 얼마나 큰 힘을 주는 것인지 가슴 깊이 느낄 수 있는 시간이 될 것이다.

수업 나누기

해마다 3월이 되면 아이들이 새로운 학년, 새로운 반으로 모여든다. 선생님과 인사를 나누기 전에 칠판이나 신발장, 게시판에 붙어 있는 자기 이름을 발견하기도 한다. 그리고 자기 이름을 부르는 선생님을 만나게 된다. 선생님이 이름을 부를 때 선생님과 눈을 맞추기도 하고 손을 들기도 한다. '제가 그 이름을 가진 아이예요.'라는 뜻으로. 이처럼 이름을 부르는 것으로 첫 만남이 시작된다.

아이들이 서로를 알아 갈 때 가장 먼저 물어보는 것도 이름이고, 가장 먼저 알려 주는 것도 이름이다. 친해지면 이름 대신 별명을 지어 주기도 하고, 함께 다니는 아이들은 친밀감을 나타내기 위해 그 무리에 이름을 붙여 부르기도 한다. 별명은 대개 아이들의 이름에 들어간 글자와 관련되는 경우가 많다. 방씨 성을 가진 아이는 방귀, 송씨 성을 가진 아이는 송아지나 송충이라고 부르거나, 유리라는 아이를 유리창이라고 부르는 식이다. 그런데 이런 식으로 불리는 걸 좋아하는 아이는 없다. 이렇게 이름 때문에 상처를 받는 아이들이 없기를 바라는 마음, 모든 친구들이 서로의 이름을 소중하게 여길 수 있기를 바라는 마음을 수업에 담았다.

그림책 《난 내 이름이 참 좋아!》를 보면서 아이들은 자기 이름에 어떤 뜻이 있는지 궁금해 했고, 자기 이름이 왜 마음에 드는지를 이야기하고 싶어 했다. 이 책을 읽고 활동하는 수업은 학기 초에 하면 좋다. 단순히 이름만 아는 게 아니라, 이름에 얽힌 이야기를 나누다 보면 서먹함이 사라지고 조금 더 가까워지

고 또 다른 이야깃거리가 생기기 때문이다. 듣기 싫은 별명에 대해 이야기를 나누면서 서로 조심하자고 약속하면 한 해를 조금 더 가볍게 시작할 수 있다. 이름으로 지은 시로 책갈피를 만들어서 사용하면 금상첨화다.

《이름 짓기 좋아하는 할머니》를 읽고 활동하면서, 아이들은 자기가 이름 붙여 준 것들을 떠올리며 이름에 대해 조금 더 깊게 생각해 보았다. 그리고 교실에서 함께 사용하는 것들에 이름을 지어서 불러 보았다. 이 활동은 단순이 이름을 짓고 부르는 것에서 한 걸음 더 나아가 오래도록 간직할 추억을 만들어 주었다. 학급문고가 있다면 그것부터 이름을 지어 보면 어떨까? 모두 쓰는 공책도 좋고, 함께 사용하는 바구니도 좋다. 봄날놀이터·방긋놀이터(학급문고), 글반(글쓰기 공책), 참뜻나무(배우고 깨달은 이야기를 쓰는 공책), 시날개(아이들 시를 게시하는 곳), 시샘(시 쓰는 공책)……. 모임 선생님들이 반에서 사용하고 있는 것들에 붙인 이름이다. 참고하시면 좋겠다.

사람을 비롯한 모든 생명과 이 세상의 모든 물건은 이름을 가지고 있다. 그 이름들이 모두 나에게 소중한 이름이 될 수는 없겠지만, 지금 가까이 있는 사람, 한 해를 같이 보낼 친구들의 이름은 소중하다. 그래서 정겹게 불러 주어야 한다. "야!"가 아니라 이름을. 그래야 서로에게 조금 더 다가갈 수 있고, 어쩌면 조금 더 따뜻해질지도 모른다. 그렇게 따뜻하게 서로의 이름을 부르며 아이들은 자랄 것이다.

둘

저마다의 아름다움

겉모습

그림책 미리 보기

내 꼬리

조수경 글·그림 | 한솔수북

어느 날 자고 일어나 보니 꼬리가 생겨 버린 아이, 지호의 이야기이다. 꼬리가 생겼음을 알게 된 지호는 '어떡하지? 이대로 학교에 가면 아이들이 놀리겠지?' 하며 걱정한다. 머리를 쥐어싸고 고민하던 지호는 아빠의 커다란 옷으로 꼬리를 가려 보지만 가려지지 않는다. 결국 손으로 꼬리를 가리고 사람들을 피해 골목길로 학교에 간다. 걱정을 하면 할수록 꼬리는 점점 더 커져서 학교 앞에 도착했을 때는 지호보다 더 커져 버렸다. 게다가 짝꿍 민희까지 만나게 된다. 지호는 이 걱정을 어떻게 해결했을까?

검은 색연필로 거칠게 그려진 선들과 볼록 렌즈로 바라본 것처럼 휘어진 그림들이 지호의 걱정과 불안을 재미있게 표현하고 있다. 게다가 걱정하고 있는 장면마다 지호를 따라다니는 고양이 한 마리. 이 걱정고양이가 사라지는 장면을 찾아보는 것도 그림을 보는 재미다.

그림책을 통해 아이들이 숨기고 싶어 하는 꼬리에 대해 좀 더 편하게 이야기 나눌 수 있으면 좋겠다. 편하게 내어놓고 알아주는 시간을 통해 서로를 좀 더 이해하고 배려할 수 있지 않을까?

자기 겉모습에 콤플렉스가 있고 숨기고 싶어 하는 친구들이 보면 좋겠다. 난 내 다리가 너무 까매서 반바지 입는 것을 꺼린다. 다리가 다른 곳보다 더 까매서 왜 그런 건지 물어보는 사람도 많다. 그런 걸 물어보지 말고 모른 척하거나 다독여 주면 좋겠다는 생각이 들었다. 나도 다른 친구들의 꼬리를 모른 척하거나 다독여 줘야겠다.¶

걱정이 꼬리를 만드는 것 같다. 지호가 꼬리 때문에 안절부절못했을 때가 안타까웠다. 나도 4학년 때 머리가 완전 망해서 엄청 창피했는데, 내가 내 모습에 무덤덤해지면 아무도 신경 쓰지 않는다는 것을 알았다. 이제부터 남자애들이 '소시지'라고 놀려도 신경 안 쓰고 당당해질 거다.¶

사람마다 자신이 좋아하지 않거나 콤플렉스인 것이 하나씩은 있을 수 있다. 여기에 나온 지호의 꼬리가 그렇다. 예전에 나도 내가 앞머리를 자르고 그게 마음에 들지 않아서 교실에 들어가기 망설였다. 자꾸 숨기려고 하면 오히려 더 그 부분이 신경 쓰이고 불편해진다. 그럴 땐 숨기지 말고 당당하게 행동하는 것이 더 좋을 것 같다.¶

짓궂으면서 창의적이고 독특한 그림체가 인상 깊고, 주인공의 입장이 이해가 된다. 얼굴에 뾰루지가 났을 때 밖에 나가는 것이 부끄러웠지만 막상 시간이 지나면 별 신경 쓰지 않고 덤덤해지듯이, 주인공이 남들도 다 자신과 같다는 것을 인식한 후 안심하는 것을 표현하였다. 그래서 자신에게만 있는 것 같은 특이한 점은 이상한 것이 아니라고 생각하게 되었다.¶

루빈스타인은 참 예뻐요
펩 몬세라트 글·그림 | 이순영 옮김 | 북극곰

스페인 출신의 일러스트레이터 펩 몬세라트의 첫 번째 그림책. 붉은색, 검은색, 연한 갈색을 주로 사용해서 아주 강렬한 느낌을 준다. 특히 표지 속 루빈스타인의 붉은 눈은 책을 보는 독자를 꿰뚫어 보는 듯하다.

루빈스타인은 참 예쁘다. 눈이 보석처럼 빛나고 코가 조각처럼 오뚝하고, 새처럼 우아하고 섬세한 손을 가졌다. 하지만 아무도 그걸 모른다. 사람들은 루빈스타인의 덥수룩한 수염만 보기 때문이다. 발리우스 서기스단의 출연자인 루빈스타인은 쉬는 날 공원으로 산책을 나간다. 그녀가 벤치에 앉아 비둘기에게 먹이를 줄 때도 다른 사람들은 모두 그녀의 수염만 바라본다. 하지만 단 한 사람, 파블로프는 그녀의 아름다움을 알아본다. 루빈스타인 역시 파블로프의 멋진 모습을 발견하고 두 사람은 서로 사랑에 빠진다. 사실 파블로프 역시 유별난 겉모습 때문에 아무도 그가 얼마나 멋진 사람인지를 몰랐지만, 루빈스타인은 그것을 알아본 것이다.

우리 모두는 루빈스타인의 수염을 가지고 있지만 루빈스타인처럼 예쁘다. 마음으로 서로를 바라보고 외모가 아닌 그 사람 전체의 아름다움을 발견해 준다면. 그리고 스스로가 충분히 예쁜 존재라고 생각한다면 더 예쁠 것이다.

사람들은 보고 싶은 것만 보고, 또 다르거나 특이한 부분을 먼저 보는 것 같다. 그래서 그 점만 보고 이상하다고 하거나 못생겼다고 한다. 하지만 자세히 들여다보면 예쁘고 아름다운 곳이 있다. 그 사람의 진짜 아름다운 모습을 발견해 주는 사람이 되고 싶다. ¶

루빈스타인의 수염이 아닌 손을 본 파블로프가 남다르게 느껴졌다. 루빈스타인과 파블로프는 수염과 코만 보는 사람들의 시선 때문에 힘들었겠지만, 둘은 서로가 지닌 아름다움을 알아보았다. 사람들은 저마다 매력을 지니고 있다. 겉모습이 매력적인 사람도 있지만, 내면이 매력적인 것도 중요한 것 같다. ¶

요즘 외모로 사람을 판단하는 일이 많은데, 이 책의 주인공들은 외모가 아닌 서로의 진짜 매력을 알아본 것 같다. 이 책처럼 사람들이 서로의 다른 매력을 인정하고 발견해 준다면 외모에 대한 편견이나 놀림이 사라질 것 같다. ¶

사람들은 다른 사람의 이상한 점, 특이한 점만 본다. 아무리 예뻐도 이상한 것이 있으면 이상한 점만 본다. 아무리 이상해도 자신만 좋으면 된다. 아무리 이상해도 나 자신을 알아보고 좋아해 주면 좋을 것 같다. ¶

사람의 겉모습만 보고 판단해서 좋아하고 싫어하면 사람을 차별하게 되는 것 같다. 나는 털도 많고 콧수염도 있는데, 다른 사람은 이 부분만 보는 것 같아서 창피하다. 하지만 나도 겉모습만 보고 판단한 적이 있다. 앞으로는 안 그래야겠다. ¶

그림책 활동지 너와 나의 연결꼬리

1-1 거울에 비친 내 모습을 자세히 보고, 몰랐던 나의 모습을 찾아보세요.

1-2 내 모습이 잘 드러나게 그림이나 글로 표현해 보세요.

2-1 나의 겉모습과 관련된 기분 좋았던 말이나 칭찬을 생각해 보세요. 스스로 괜찮다고 생각하는 겉모습도 써 보세요.

2-2 그림책 《내 꼬리》를 감상해 보세요.

2-3 나에게 지호의 '꼬리'나 민희의 '수염'처럼 느껴졌던 것들을 적어 보세요. 그것과 관련된 안 좋은 말이나 속상했던 말도 생각해 보세요.

- 쓴 것을 친구들과 이야기 나누고 위로받고 싶으면 아래에 표시해 주세요.
- 내 이야기를 친구와 나누고 싶어요(   ) / 이름 공개(   ), 비밀(   )

2-4 친구들의 말을 잘 듣고 위로하거나 힘내라는 응원을 해 주세요.

2-5 EBS 〈지식채널 e〉 '사랑해 지선아' 편을 감상해 보세요.

3-1 외모(겉모습)에 대한 사회적 편견을 떠올리고, 그것에 대한 생각을 써 보세요.

3-2 그림책 《루빈스타인은 참 예뻐요》를 감상해 보세요.

3-3 서로의 개성을 존중하기 위해 필요한 것을 써 보세요.

4-1 EBS 〈지식채널 e〉 '전족이 아름다운 이유' 편을 감상해 보세요.

4-2 SBS 다큐 〈아름다울 美〉 1부 '美, 권력을 탐하다'에 나오는 오하구로에 관한 부분을 감상해 보세요.

5 나를 더 아름답게 할 수 있는 방법을 생각해 보세요.

6 활동을 통해 배우고 느끼고 깨달은 점을 써 보세요.

아이들 활동 엿보기

■ 내 모습이 잘 드러나게 그림이나 글로 표현해 보세요.

여우상인 차수연

내 얼굴은 여우상이다. 눈이 찢어져서이다. 물론 찢어져서 예뻐진 않으나 동공은 마음에 든다. 비교적 크고, 엄마 닮아서 동양인치고 는 밝기 때문이다. 얼굴형이 콤플렉스여서 항상 머리카락으로 얼 굴을 가린다. 그래도 양악 수술을 하고 싶지는 않다. 그리면서 눈 이 잘 안 그려져서 애를 먹었으나 그럭저럭 그려진 것 같다. 그래 도 생각만큼 그려지진 않아서 10점 만점에 5점쯤 되는 것 같다.

입 작은 황소연

입이 다른 아이들보다 조금 작은 것 같다. 그래도 나는 쌍꺼풀 있 는 눈이 맘에 든다. 코가 조금 더 오똑했으면 좋겠다. 낮은 코가 거 슬린다. 내가 손에 땀이 많아서 그림이 조금 번졌다. 내가 봤을 때 묘하게 닮은 구석도 있지만 안 닮은 구석도 많은 것 같다.

눈썹이 잘생긴 김한성

평소에 얼굴을 자세히 보지 않았는데, 자화상을 그리면서 자세히 볼 수 있어서 좋았다. 내 얼굴을 그리면서 내 얼굴에 대해 더 잘 알 게 된 것 같다. 자화상을 그리면서 평소에 그리지 않았던 그림도 그릴 수 있어서 더 좋았다. 노력하면 뭐든지 잘할 수 있을 것 같다. 앞으로 내 얼굴에 관심을 더 가져야겠다.

세상에 단 하나뿐인 내 얼굴

턱은 둥글둥글하고 턱 쪽에 있는 점은 샤프심으로 찍은 듯이 작지만 진하다. 코는 토마토같이 둥글둥글하다. 웃긴 건 콧구멍이 짝짝이라는 거다. 하나는 삼각형, 하나는 원이다. 귀 아래까지 내려오는 큰 안경을 쓰고 다니고, 눈은 크지도 않고 작지도 않다. 난 눈이 마음에 든다. 크기가 딱 적당하기 때문이다. 이마는 A4 6분의 1만큼의 넓이고, 윗입술이 두꺼운 편이다. 귓불이 넓고 단발머리 스타일이다. 이 머리가 마음에 든다. 관리하기 편하기 때문이다. 목은 그렇게 길지는 않다. 키는 150센티미터, 몸무게는 40킬로그램 정도 된다. 피부는 부드럽고, 허벅지와 종아리는 꽤 많이 두껍다. 다리 길이는 약 80센티미터이다. 손은 길고 크다. 손 길이는 15센티미터가 넘는다. 엄마가 그러는데 내 발이 230에서 240밀리미터를 왔다 갔다 한다고 했다. 내 발목은 두꺼워서 발목이 좁은 옷은 입지 않는다. 그리고 오른손 엄지손가락 쪽에 큰 점이 있다. 세어 보지는 않았지만 몸에 크고 작은 점이 약 20개가량 있는 것 같다.

사람들은 엄마랑 나랑 완전 붕어빵처럼 닮았다고 한다. 어떤 사람은 손이 길고 크다고 하고, 어떤 사람은 키가 크다고 하고, 어떤 사람은 아빠랑 닮았다고 하고, 어떤 사람은 발이 크다고 한다. 그런데 그런 말들이 마음에 들지는 않는다. 내가 잊고 있었거나 미처 몰랐던 내 모습을 알고 싶다. 나는 나 자신이 좋기도 하고 싫기도 하다. 앞으로 키는 더 크고, 몸무게는 더 늘어날 것이다. 얼마나 클지 기대가 된다.

내 얼굴, 마음에 들어!

내 얼굴은 타원형이다. 눈은 동그란 보름달 같고 콧대가 높은 편이다. 입은 적당한 크기다. 내 보조개는 신기하게도 입꼬리 밑에 있다. 그리고 내 키는 크지도 작지도 않다. 몸무게는 평균이다. 놀림 받을 때는 싫지만, 나는 키가 클 거니까 긍정적으로 생각할 것이다. 키가 쑥쑥 클 거라 믿는다. 나는 쌍꺼풀이 없다. 그래서 너무 아쉽다. 엄마 아빠는 있는데 왜 나만 없는지 모르겠다. 하지만 속쌍꺼풀이 있고 속눈썹이 길어서 다행이라고 생각한다. 또 나는 머리숱이 많아서 머리를 묶으면 자주 끈이 끊어져서 조금 불편하고 싫을 때도 있다. 하지만 나중에 어른이 되면 탈모 걱정은 안 해도 돼서 그때를 생각하면 좋다.

주변 분들은 나한테 예쁘게 생겼다며 누구 닮았냐고 물어보신다. 그리고 속눈썹이 길다고들 하신다. 나는 도대체 누굴 닮은 건지 모르겠다. 어른들이 물어보면 나는 머뭇거리는데, 누구를 닮았는지 정말 모르겠다.

나는 웃을 때 웃음소리가 마녀 웃음소리 같다고 다들 그런다. 그게 조금 싫다. 그래서 나는 예쁘게 웃으려고 노력한다.

■ **나의 겉모습과 관련된 기분 좋았던 말이나 칭찬을 생각해 보세요. 스스로 괜찮다고 생각하는 겉모습도 써 보세요.**

- 친구들이 머릿결이 좋다고 하고, 머리가 길어서 예쁘다며 부러워하니까 스스로 내 머리카락이 괜찮다고 생각한다.
- 머리카락 전체를 뒤로 넘겼을 때 모양이 예쁘게 되는 것이 마음에 든다.
- 내가 태어났을 때 간호사들이 눈이 예쁘다고 했다고 하는데, 지금도 사람들이 눈이 인형 같고 참 예쁘다고 한다. 눈이 갈색이어서 더 예쁜 것 같다.
- 할머니는 키가 커서 예쁘다고 하시고, 공부방 선생님은 다리가 길어서 부럽다고 하신다. 나는 그 말을 들었을 때 기분이 좋았다.
- 어렸을 때 잘생겼다는 이야기를 들었다. 속눈썹이 길어서 괜찮다고 생각한다.
- 사람들한테 "귀가 예쁘다", "복귀네" 하는 이야기를 많이 들었다.

■ 나에게 지호의 '꼬리'나 민희의 '수염'처럼 느껴졌던 것들을 적어 보세요. 그것과 관련된 안 좋은 말이나 속상했던 말도 생각해 보세요.

- 친구들이 키가 작다고 놀리고, 털과 콧수염이 많아서 남자 같다고 놀렸다. 나는 키가 작고 털이 많아도 별로 신경 쓰지 않았는데, 남자애들이나 키 큰 여자애들이 뭐라고 하면 울고 싶고 짜증이 난다.

- 얼굴에 주근깨가 많아서 걱정이다. 다른 친구들이 점이 왜 이렇게 많냐고 해서 기분이 나빴다. 점이 아니고 주근깨인데.

- 키가 작아서 스트레스 받는다. 사람들이 내가 운동하는 걸 알면 나보고 "밥 좀 먹어라."라고 한다. 처음에는 별로 신경 안 썼는데 너무 많이 그래서 스트레스 받는다. 학교에서도 키 큰 애들이 키가 작다고 놀리는데, 키가 작다고 사는 데 무슨 지장이 있는 것도 아닌데 그만 이야기하면 좋겠다.

- 어떤 애가 나보고 뚱뚱하다고 했다. 나는 정상이고 그 애도 정상인데, 나보고 뚱뚱하다고 맏체서 그 애가 싫고 정떨어진다. 바지 사이즈도 그 애랑 똑같은데 나만 사이즈 10000은 되는 것처럼 기분 나쁘게 말해서 짜증난다.

- 나는 표정 관리를 잘 못한다. 그래서 남들이 보면 오해할 때가 많아서 싫다. 그리고 너무 평범하게 생긴 건 좀 안 좋은 것 같다. 인상에 남거나 뚜렷한 이미지가 없어서 매력이 없기 때문이다.

■ 친구들의 말을 잘 듣고 위로하거나 힘내라는 응원을 해 주세요.

길 가던 사람이 피부가 왜 까맣냐고 물어봤다. 왜 물어본 건지 궁금하다. 스스로 마음에 들지 않는 것은 입이다. 너무 작기 때문이다.

- 피부색이 너의 매력이 될 수 있고, 널 알아볼 수 있게 해 주잖아. 그리고 초콜릿 피부색이 이상형인 사람들도 많아. 걱정 마.

- 피부가 까맣다고 스트레스 받지 마. 넌 잘생겨서 까만 피부가 잘 어울려.

- 나도 피부가 까매서 너무 싫었어. 피부가 하얀 사람을 보면 너무 부러웠어. 근데 이젠 안 부러워. 나의 까만 피부가 마음에 들 때가 있어. 완전 하얀 피부색보다 까만 피부색이 더 보기 좋거든. 그러니까 너무 슬퍼하지 말고, 지나가는 사람들이 뭐라 해도 '저 사람은 뭘 모르네.' 하고 생각해. 그리고 난 입술이 얇아서 되게 공감되는데, 내가 생각하기엔 너는 입술이 포인트 같아. 파이팅.

- 나도 어렸을 때 피부가 까만 게 참 슬펐는데, 그것도 나만의 특징이라고 생각했어. 생각을 바꾸면 돼.

여드름이 많이 나서 친구들이 놀릴 때 많이 속상했다. 여드름이 너무 많아서 신기하다고 얘기하는 친구가 있는데, 그 말을 들었을 때 싫었다. 여드름에 대해 이야기하지 않으면 좋겠다.

- 사람은 언제 여드름이 날지 몰라. 나도 언제 날지도 모르고. 그런데 아이들이 놀리면 기분 나쁠 것 같아. 애들이 너 놀리면 내가 막아 줄게. 그 아이들도 나중에 여드름이 날 수도 있어. 그리고 넌 네가 못생겼다고 계속 그러잖아. 난 그렇게 생각 안 해. 넌 눈, 코, 입이 뚜렷하잖아. 자신감을 가져.

- 여드름이 많아서 속상하겠다. 절대 놀리지 않을게. 여드름은 누구나 다 나는 건데, 커서 여드름이 다 없어지면 그땐 널 놀렸던 애들한테 여드름이 생길 거야. 넌 지금도 예뻐.

- 남자애들이 너한테 여드름이 많다고 놀리는 걸 많이 봤어. 하지만 그때 너는 마음에 담아 두고 있더라. 그럴 땐 그냥 하지 말라고 정확하게 말하고 가 버려. 어차피 남자애들은 중학교 때 여드름이 난대. 너의 여드름은 곧

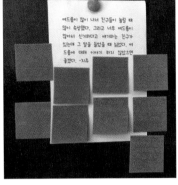

친구들을 위로하고 응원하기   친구들이 전해 준 위로와 응원의 말들

사라질 테니까 걱정 마.

- 여드름이 많은 게 걱정이구나. 나도 사실 여드름으로 널 놀렸는데 그건 진심으로 미안해.

■ EBS 〈지식채널 e〉 '사랑해 지선아' 편을 감상해 보세요.

- 자신의 겉모습에 대한 안 좋은 점이 있더라도 그걸 장점으로 생각하며 하고 싶은 일을 하면서 산다는 게 인상 깊었다.
- 자신의 겉모습에 만족하고 사는 모습이 아름다웠다.
- 자신의 얼굴을 부정적으로 생각하지 않고 오히려 특별하다고 생각하는 것을 본받고 싶다.
- 겉모습보다 내면이 더 중요하다는 생각이 든다.
- 자신감이 많아 보여서 좋았고, 자기 자신을 자랑스럽게 여기고 특별하다고 생각한 것이 감동이었다. 나도 그런 모습을 배워야겠다.

■ 외모(겉모습)에 대한 사회적 편견을 떠올리고, 그것에 대한 생각을 써 보세요.

- 외모로 사람을 판단하는 것은 이상한 것 같다. 범죄자도 착하게 생겼으면 죄인이 아닌 것 같고, 못생기고 무서우면 죄인인 것 같다고 하는 건 참 이상하다.

- 겉모습으로 사람을 판단하는 이 사회는 잘못됐다. 각자의 개성대로 매력이 있는데 그 매력을 알아봐야지 왜 겉모습만으로 판단하는지 모르겠다. 그럼 못생긴 사람은 왜 태어나나.

- '남자는 머리카락이 짧아야 한다, 여자는 얼굴이 예뻐야 한다, 여자는 뚱뚱하면 안 된다, 남자는 근육이 있어야 한다……' 우리가 이런 생각을 한다는 게 안타깝다.

- '여자는 뚱뚱하면 안 된다'고 하는데, 뚱뚱해도 건강하면 된다. 말라서 아픈 것보다 낫다.

- 예쁘면 다 잘하고 착하다니 정말 이상하다. 광고나 드라마를 보면 항상 예쁘고 잘생긴 사람만 주인공을 한다. 이것도 외모 지상주의다.

- 여자는 예쁘면 착하다고 한다. 외모가 성격에 영향을 주는 것도 아니고 모두들 다른 개성들이 있는데 그것을 겉모습만으로 판단하면 안 된다.

- 겉모습보다 속내를 더 중요하게 생각하면 좋겠다. 예쁘면 성격도 좋다는 건 다 거짓말이다.

■ 서로의 개성을 존중하기 위해 필요한 것을 써 보세요.

- 다른 사람을 보는 아름다운 시선

- 외모에 대해 비판하지 말고 좋은 점을 생각한다. 외모를 가지고 놀리지 않는다.

- 자신의 외모에 대해 자신감을 가지고, 남의 외모에 대해 비판하지 말고 좋

은 말을 해 주며, 겉모습에 대한 편견을 버린다.

- 자존감을 가지면서도 서로를 존중하고 칭찬하는 것이 중요한 것 같다.
- 일단 자신이 개성이 있다고 믿어야 하고 다른 친구도 그렇다는 것을 이해해야 한다.
- 나와 달라도 이해를 해야 한다. 비난하지 말고 인정하고 편견을 가지지 않는다.

■ EBS 〈지식채널 e〉 '전족이 아름다운 이유' 편을 감상해 보세요.

- 예뻐 보이기 위해 고통스럽게 작은 발을 만들었지만 지금 그 발을 보면 징그럽다. 우리가 예뻐 보이기 위해 다들 비슷한 얼굴로 성형 수술을 하는 것도 전족을 하는 것과 같다. 나는 있는 그대로의 내 모습을 사랑할 것이다.
- 발을 작게 만드는 것은 결국 다른 사람에게 잘 보이기 위해서이다. 잘 보이기 위해 겉모습으로 비음을 시로잡으려 하지 말고 진심으로 다가가고 ㄱ 마음의 아름다움을 봐 주면 좋겠다. 겉모습보다 마음이 훨씬 중요하다.
- 여성이 예쁘려면 작은 발이 필요하다는 것이 이상하다. 여자들이 예뻐지기 위한 고통은 하이힐을 신는 지금도 마찬가지다. 똑같이 생긴 예쁜 것 말고 자기만의 예쁜 것을 찾는 것이 중요하다. 자기만의 아름다움을 만들었으면 좋겠다.
- '꼭 남과 같게', '남들이 다 하니까'라는 생각으로 고통을 참으며 전족을 만드는 건 이상하다. 마음에 안 드는 부분이 있을 수 있지만 그걸 자신만의 매력으로 바꾸는 게 진정한 아름다움이라고 생각한다.
- 청나라에서 발을 작게 만들려고 하는 것이 우리나라 여성들이 뚱뚱하다고 생각해서 살을 빼는 것과 뭐가 다른지 모르겠다. 둘 다 몸을 혹사시키는 것이다. 이건 아름다움을 넘어선 문제라고 생각한다. 자기만족이 아니라 누

군가에게 보여주기 위해서 다른 사람과 비교하며 스스로를 아름답지 않다고 생각해서는 안 된다. 있는 그대로의 모습이 훨씬 아름답다.

■ SBS 다큐 〈아름다울 美〉 1부 '美, 권력을 탐하다'에 나오는 오하구로에 관한 부분을 감상해 보세요.

- "있는 그대로가 아름답습니다."라는 말이 인상적이었다. 요즘도 너무 유행만 따라가려고 하는 것 같다. 처음에는 시스루 앞머리가 유행했다가 지금은 처피뱅이 유행하고 있는데, 나에게 어울리지 않을 것 같아서 처피뱅을 하지 않았다. 사람들이 겉모습만 보고 서로를 판단하고 그래서 겉모습만을 꾸미는 것이 문제라고 생각한다.

- 내가 생각하는 아름다움은 누군가가 알아주고 따라하는 것은 아니다. 자신의 모습 그대로를 좋아하고 행복해 하는 것이 진짜 아름다움인 것 같다. 모두 다 비슷한 모습이 되면 누구도 아름답지 않다.

- 사람들이 생각하는 미의 기준은 다양한 것 같다. 예전의 아름다운 모습이 지금 보면 전혀 아름답지 않은 것도 있다. 이제 겉모습 말고 속내를 들여다볼 수 있어야겠다.

- 유행만이 아름다운 게 아니다. 사람들은 자신보다 예쁘고 멋진 사람들을 따라 하려고 하지만 아무리 따라 해도 절대 똑같은 모습이 될 수 없다. 사람은 각자의 모습 그대로가 가장 예쁘고 멋지다. 다른 사람과 똑같이 되려고 하지 말고 나에게 가장 잘 어울리는 모습을 찾는 것이 중요하다. 내가 나의 모습에 만족하고 행복해 하면 아름다운 것이다.

■ 나를 더 아름답게 할 수 있는 방법을 생각해 보세요.

- 겉모습보다 속마음이 따뜻해야 진짜 아름다울 수 있을 것이다.

- 자신감을 가지고 당당하게 산다. 다른 사람은 생각하지 말고 내 단점보다 장점을 찾는다.
- 자신의 모습에 만족하고 긍정적으로 생각하고 장점을 찾아서 키운다.
- 다른 사람과 비교하지 않고 스스로 예쁘다고 생각한다.
- 꼭 외모가 예쁜 것이 아름다움이 아니라는 것을 알아야 한다.
- 사람들을 배려하고 아끼면 내 자신의 성격이 아름다워질 것 같다.
- 자존감을 가지고 언제나 웃을 수 있는 일을 한다.
- 나 자신을 자랑스럽게 여기고 당당하게 행동한다.
- 내가 나를 사랑해야 할 것 같다. 결국 개성은 내가 만드는 것이다.
- 나 스스로를 예쁘다고 생각하는 게 나를 더 아름답게 할 수 있다.

■ **활동을 통해 배우고 느끼고 깨달은 점을 써 보세요.**

- 우리는 각각 다 다른 쉐이리고 볼 수 있다. 앞으로는 자신감을 가지고 당당하게 다닐 것이다. 그리고 못생기거나 예쁘거나 할 것 없이 다 소중하고 그 사람만의 매력이 있다.
- 이왕이면 예뻤으면 좋겠다고 생각은 하지만 그래도 내 얼굴에 대한 자신감을 키울 것이고 나만의 개성이 있다는 것을 알았다. 사람들은 나를 판단할 수 없다. 나를 소중하게 여길 것이다.
- 아름다움에 기준은 없다. 만일 있더라도 모두 다르다. 아름답다는 말은 남을 평가하려고 있는 말이 아니라 표현하기 위한 말이다. 내가 생각하는 아름다움은 각자가 보석 같은 빛을 발하는 것이라는 생각이 든다.
- 왠지 그냥 앉아서 수업만 들었는데 내가 더 아름다워진 것 같다.
- 나의 겉모습 중에 마음에 안 드는 곳이 있었는데 친구가 힘이 되는 말을 해 주어서 '나만 그렇게 생각하는구나.'라는 생각이 들었다. 연예인이나 예쁘

고 마른 사람과 나를 비교하지 말고, 있는 그대로의 나의 모습을 좋아할 것이다.

- 겉으로 드러나는 모습만 중요한 것은 아니다. 내면의 아름다움이 더 중요하다. 항상 자신감을 가지고 다른 사람과 비교하지 말아야겠다.

- 얼굴에 자신감이 없었는데 친구들의 위로를 받으니 마음이 치료가 됐다. 스스로 자신감을 가져야겠다. 사람마다 서로 다른 매력을 가지고 있으니까 겉모습만 보지 말고 그 매력을 발견해 주어야겠다.

- 누구에게나 숨기고 싶은 것이 있다. 그런 걸 스스로 극복할 줄도 알아야 한다고 생각했다. 다른 사람을 볼 때도 겉모습 말고 내면을 봐야 한다는 것도 알았다. 아름다움은 문화에 따라 달라지고 기준도 늘 달라진다. 연예인이나 다른 사람을 따라 하는 것이 아니라 나만의 특별한 점, 개성을 지키는 것이 더 아름답고 멋진 일이다.

미의 기준

학교에서 EBS 〈지식채널 e〉를 보았다. 옛날의 아름다움 기준에 대한 내용의 영상이었다. 현재와 과거의 아름다움에 대한 기준은 다르지만 아름다움에 대한 기준이 사람들에게 큰 영향을 주는 것은 비슷한 것 같다. 옛날 우리나라 여성들에게 유행했던 가채머리는 가채의 크기로 여성의 지위를 나타냈다고 한다. 지금은 이상해 보이지만 그때는 아마 서로 큰 가채를 쓰고 싶어 했을지도 모른다. 난 중국의 '전족'을 보고 놀랐다. 발을 꺾어 작게 만드는 것이 아름다움의 기준이라니 징그럽기도 하고 이상했다. 발이 9센티미터밖에 안 되었다고 하는데, 요즘은 절대 그렇게 만들 수 없을 것이다. 전족을 하지 않은 여성은 결혼도 못 하고 여자 취급도 못 받았다고 한다. 정말 잔인하다는 생각이 들었다. 평생을 작은 발 때문에 고통 받을 것을 생각하면 끔찍하다. 겉모습의 아름다움으로 사람을 평가하고 구분 짓는 세상이 달라지면 좋겠다. 겉모습보다는 내면의 아름다움을 찾아 주는 세상이 되면 좋겠다.

있는 그대로의 자신을 사랑해요

국어 시간에 겉모습과 편견에 대해 배웠다. 나의 겉모습에 대해 좋은 것과 나쁜 것을 썼는데, 나와 친구들 모두 나쁜 점을 더 많이 썼다. 사람마다 제각각 매력이 있다. 그게 개성이다. 나와 같이 다니는 친구가 예쁘지만 나는 그 친구와 나를 비교하지 않는다. 단점이 많긴 하지만 나도 나름 매력 있다고 생각한다. 요즘 사람들은 주변 사람들과 자신을 비교하고 자꾸 똑같은 모습으로 따라 한다. 이런 이야기를 담은 웹툰도 있다. 겉모습만을 중요시하고 다 똑같은 모습이 되려고 하는 게 좀 씁쓸했다. 모든 사람이 자기 자신을 좋아하면 좋겠다. 자기가 자신을 좋아해야 당당하고 행복해질 수 있다.

함께 볼만한 그림책

넌 참 우스꽝스럽게 생겼구나!

버나드 와버 글·그림 | 신형건 옮김 | 보물창고

진흙탕에서 텀벙거리고 있는 하마에게 코뿔소가 다가와 뿔이 없는 코가 우스꽝스러워 보인다고 말한다. 코뿔소의 그 말 한마디에 걱정스러워진 하마는 밖으로 나가 다른 동물들에게 자신이 정말 우스꽝스러워 보이는지 물어본다. 사자는 갈기가 없어서, 표범은 얼룩무늬가 없어서, 코끼리는 크고 펄럭거리는 귀가 없어서 하마가 우스꽝스러워 보인다고 말한다.

같은 구조로 반복되는 이야기에 하마가 만날 동물을 예상해 보고 하마가 "넌 내가 우스꽝스러워 보인다고 생각하니?"라고 물을 때 그 동물이 어떤 답을 했을지 짐작하는 재미가 있다. 다른 사람과 비교하며 자신에게 없는 것을 찾는 것이 아니라 다른 사람과 달라서 더 좋은 자신의 개성을 찾아 이야기 나누기에 좋은 책이다. 무심코 내뱉은 말 한마디에 누군가는 심각하게 고민하고 상처 받을 수 있다는 것을 알기에도 좋다.

나는 착한 늑대입니다

김영민 글·그림 | 뜨인돌어린이

우리는 늑대는 포악하고 무서운 동물, 양은 착하고 순한 동물이라는 선입견을 가지고 있다. 실제로 많은 이야기가 그런 생각을 사실처럼 만들어 주었다. 그런데 그런 선입견 때문에 억울한 늑대가 있다면?

늑대는 자신을 나쁘다고 생각하는 친구들에게 진짜 자신의 모습을 보여 주기 위해, 쓰기만 하면 인기가 많아진다는 전설의 초록 모자를 찾아 마을로 내려간다. 늑대가 어떻게 자신의 진짜 모습을 보여 주게 될까?

그림의 굵은 선들과 선명하고 밝은 색, 인물들의 다양한 표정, 구석구석에서 찾아볼 수 있는 깨알 같은 재미가 있어 한 편의 만화를 보는 것 같다. 겉모습만으로 다른 사람에 대해 선입견을 갖거나 오해한 경험에 대해 이야기 나누기 좋다.

수업 나누기

겉모습에 대한 이야기는 고학년 아이들과 함께 나누기에 좋다. 저학년 아이들은 대부분 자신이 잘하고 좋아하는 것이나 예쁜 부분을 중요하게 생각한다. 고학년이 되면 잘하는 것보다는 부족한 것을, 예쁜 부분보다는 마음에 안 들거나 미운 부분을 중요하게 생각한다. 늘 스마트폰으로 셀카를 찍지만, 사진을 보며 얼마나 예쁜지가 아니라 마음에 안 드는 곳이 어디인지를 먼저 찾아보는 아이들. 친구들과 자신의 모습을 끊임없이 비교하는 아이들을 보며 제각기 다른 아름다움에 대해 이야기 나누고 싶었다.

'겉모습'에 대한 수업을 준비하며 아이들이 자신의 얼굴을 얼마나 자주 들여다보고 얼마나 잘 알고 있는지 궁금해졌다. 그래서 내 얼굴, 내 모습을 제대로 관찰하고 그림이나 글로 표현하는 것부터 시작했다. 날마다 보고 또 보는 얼굴인데 거울 속 얼굴을 들여다보는 아이들의 반응이 참 재미있었다. 자신의 모습에 집중하고 감탄하다 양쪽 콧구멍의 크기가 다름을 발견하기도 하고, 까만 눈동자가 유독 크고 진하다는 것을 찾아내기도 했다. 자기 얼굴을 들여다보다 서로의 예쁜 모습을 찾아 주는 모습도 참 예뻤다. 자신의 겉모습을 제대로 알고 평소 숨기고 싶었거나 고민하고 있었던 겉모습에 대해 이야기 나눴다. 모두 숨기고 싶은 부분이 있음을 알게 된 아이들은 그림책의 주인공처럼 걱정과 불안을 조금 내려놓을 수 있었다. 그리고 친구들의 이야기를 귀 기울여 듣고 위로해 주는 과정을 통해 무심코 했던 한마디가 누군가에겐 큰 상처가 될 수 있다는 것도

자연스럽게 배웠다. 서로에게 "괜찮아."라고 말하던 아이들은 스스로에게도 같은 말을 해 줄 수 있지 않을까?

아이들이 아름답다고 생각하고 믿고 있는 모습은 만들어진 모습일지도 모른다. 다큐멘터리와 〈지식채널 e〉를 보고 아이들은 시대에 따라 달라지는 아름다움에 대해서 많은 이야기를 했다. 부모님의 젊은 시절 사진을 본 이야기부터 빠른 속도로 달라지는 유행에 대한 것까지.

겉모습이 중요한 시대를 살아가고 있지만 그것이 전부는 아니라는 것을 아는 것, 우리는 모두 달라서 특별하고 더 아름다운 존재임을 아는 것. 그것을 통해 아이들은 자신만의 아름다움을 더 키울 수 있을 것이다. 자신만의 아름다움을 찾고 서로의 아름다움을 발견하며 아이들은 더 단단해지고 조금 더 자란다.

셋

이야기가
담긴 보물

소중한 물건

그림책 미리 보기

엄마와 나의 소중한 보물

이토우 에미 글 · 카리노 후키코 그림 | 사과나무 옮김
크레용하우스

인호의 장난감 상자에는 필요 없는 물건이 너무 많다. 물건을 버리려는 엄마에게 인호는 "필요 없는 건 하나도 없는데."라고 말한다. 조그만 돌멩이는 인호가 소풍 갔을 때 어렵게 찾은 사자를 닮은 돌이고, 색종이 조각은 인호의 재롱잔치 때 뿌려졌던 것이다. 귤껍질 안에는 인호네 마당에 맨 처음 열렸던 귤을 엄마랑 아빠랑 나누어 먹었던 추억이 담겨 있다. 한 장의 그림에 지금 인호가 갖고 있는 보물의 모습과 그 물건에 담긴 인호의 과거 이야기들이 고운 색연필로 그려져 있다.

인호가 하나하나 꺼내 놓는 물건 이야기에 엄마도 빠져든다. 결국 엄마도 '보물'을 꺼낸다. 표지에 엄마와 인호가 함께 바라보고 있는 것이 엄마와 인호의 이야기가 담긴 소중한 보물이다. 엄마와 나의 소중한 보물이 무엇인지 표지를 보며 아이들과 먼저 이야기를 나누면 좋겠다. 그림책을 읽으면 아이들은 저마다 자기 이야기가 담긴 보물을 떠올리고 이야기를 꺼내 놓고 싶어 할 것이다.

나는 예전부터 친구들한테 받은 건 잘 버리지 못했다. 생일 편지는 모아 뒀다가 어른 돼서 읽어 볼 거다. 친구들과의 추억, 내가 아끼는 보물이다. 솔직히 '보물' 하면 다이아몬드나 그런 걸 떠올리는데 영화나 책, 애니에서 돈 엄청나게 많은 사람들 중 행복해 하는 사람이 그다지 많지는 않았다. 성격이 돈 밝히는 사람이 아닌 이상, 거의 전부 심심해 하며 행복하지 않은 걸로 보아 보물이 다이아몬드 같은 건 아닌 것 같다. 보물은 그냥 자기가 아끼는 것, 가지고 싶은 것 같다. 값어치가 무슨 상관이야!

우리 집에도 내가 어릴 때 신던 신발, 어릴 때 입던 옷, 태어났을 때 선물 받은 베개가 있다. 그런 것들을 우리 엄마가 인호 엄마처럼 남겨 두었다. 나는 인호 같다. 엄마가 버리려 하는 것들 모두 버리지 못하게 하고 있다. 나에게는 모두 보물이니까.

이제야 우리 엄마가 왜 내 물건을 버리지 않는지 알겠다. 추억을 새길 수 있기 때문이다. 그래서 우리 집에 모든 게 다 있다. 옷, 신발, 자전거 등. 조금 버리긴 했는데 아직도 많이 있다. 보물이란 그것을 보면 언제나 추억이 남는 것 같다.

나는 나중에 필요할 것 같아서 물건을 잘 버리지 않는다. 이 아이처럼 추억이 담긴 물건도 있다. 이런 물건들은 나중에 컸을 때 본다면 재미있을 것 같다. 남에겐 쓸모없는 물건처럼 볼품없어 보여도 나에겐 정말 소중한 것이 될 수도 있다.

내 보물 1호 티노
김영수 글·그림 | 비룡소

《내 동생 싸게 팔아요》, 《형은 크다, 나는 작다》 등의 그림책을 펴낸 김영수 작가의 작품이다. 전작들처럼 아이들이 직접 크레파스로 그려 놓은 듯 어설픈 그림이 정감 있게 다가온다. 선도 삐뚤빼뚤하고 색칠도 엉성하지만 크레파스가 주는 따뜻함이 느껴진다.

주인공 영수는 여자 친구 그림이와 친해지고 싶지만 방법을 모른다. '영수가 가장 좋아하는 것을 주면 된다'는 엄마의 말에 영수는 자기가 가장 좋아하는 것이 무엇인지 고민하다가 보물 1호인 공룡 인형 티노를 선물로 주기로 결심한다. 하지만 영수의 기대와 달리 티노를 반기기는커녕 오히려 화를 내는 그림이 때문에 영수의 고민은 깊어진다.

이 그림책을 보고, 소중하게 여기는 물건에 대해 다른 사람과 이야기도 하고 시간을 내어 나누어 쓰게 해 보자. 아이들이 자라면서 겪게 되는 가장 큰 어려움 가운데 하나인 다른 사람들과의 관계 맺기에 대해 깨달을 수 있는 시간이 될 것이다.

그림이가 조금 차별하는 것 같아서 그다지 마음에 들지 않았다. 꾸미면 되는 거니? 그림이 재밌었다. 어린아이가 막 그려서 '짜잔!' 하고 나한테 준 것 같은, 아빠 미소가 지어지는 그림이었다.

내 보물 1호를 주는 게 아니라 그 사람에게 맞는 선물을 주어야 되는 것 같다. 성격과 모든 게 다 조금씩 다르기 때문에 맞추어 주어야 한다. 도라에몽처럼 필요할 때 그 물건을 주어야 한다.

영수는 자기 보물 1호까지 쓰면서 그림이를 좋아했나 보다. 영수는 상남자 같다. 자기가 아끼는 것을 주면서까지…… 영수가 좀 멋지다.

티노를 꾸며서 그림이에게 주지 않았다면 아마 그림이는 영수가 자기를 놀라게 하려고 일부러 바비 인형 상자에 넣은 사라고 생각했을지 모른다. 영수에게 그림이도 소중하고 티노도 소중하다. 내게도 그림이와 티노 같은 사람과 물건이 있다.

자기 보물을 그림이에게 선물로 주다니, 영수가 그림이를 정말 좋아하는 것 같다. 티노가 영수의 보물 1호니까 그림이에게도 티노가 보물 1호가 될 수 있을 것 같다.

그림책 활동지 <u>나만의 보물을 함께 나누어요</u>

1 '보물'이라고 불리는 것들이 가지고 있는 특징은 무엇인가요?

2-1 그림책《엄마와 나의 소중한 보물》을 감상해 보세요.

2-2 나와 식구들의 이야기가 담긴 소중한 물건(보물)을 소개해 보세요. (글, 그림책, 포스터 등)

2-3 보물을 가져오거나 사진으로 찍어 와 친구들과 이야기를 나누어 보세요.

이름	보물, 보물에 담긴 이야기

2-4 식구들과 보물에 대한 이야기를 나누어 보세요.

3-1 그림책《내 보물 1호 티노》를 감상해 보세요.

3-2 지금 내 보물 중에 친구들과 나누어 쓰고 싶은 것은 무엇인지 쓰세요. 보물 자
    랑도 해 보세요. (① 보물 이름, 보물인 까닭, 얽힌 이야기, 내 보물로 할 수 있는 일들.
    ② 내 보물을 좋아할 친구나 필요한 친구들)

3-3 위 내용을 담아 보물을 함께 쓸 사람을 모으는 모집 광고를 만들어 보세요.

3-4 함께 써 보고 싶은 친구의 보물 광고 아래에 내 이름을 적어 보세요.

3-5 보물을 함께 쓰고 싶다고 한 친구들과 약속을 정해 보물을 나누어 보세요.

4 친구들과 내 이야기가 담긴 보물 소개하기, 보물 나누기 활동을 하며 있었던 일을
   통해 배우고 느끼고 깨달은 점을 써 보세요.

아이들 활동 엿보기

■ '보물'이라고 불리는 것이 가지고 있는 특징은 무엇인가요?

소중한 것 / 내가 애지중지했던 것 / 비싼 것 / 반짝거리는 것 / 나에게만 있는 것 / 없어서는 안 되는 것 / 남 주기 싫은 것 / 아끼는 것 / 이야기(추억)가 담긴 것 / 희귀한 것 / 내가 자주 사용해 왔던 것 / 아주 오래된 것 / 특별한 것

■ 나와 식구들의 이야기가 담긴 소중한 물건(보물)을 소개해 보세요.

① 글로 소개하기

작은 역사 우리 식구들에 관련된 내 보물은 안방에 있는 옷장이다. 옷장은 세 개로 나뉘어져 있고 칸마다 물건, 옷, 이불 등이 있다. 그 옷장은 나보다도 더 오래되었다. 아빠와 엄마가 결혼하실 때 산 것 같다. 첫 번째 칸에는 내가 태어날 때 누군가 선물해 준 베개와 아기일 때 누워 있던 내 다리 길이 정도 되는 이불이 있다. 두 번째 칸에는 어릴 때 입던 옷과 신던 신발이 있다. 그 안에는 열쇠로 잠그는 서랍이 있다. 하지만 지금은 다 열려 있다. 그 서랍 안에는 엄마와 아빠의 연애편지가 들어 있다. 아빠가 엄마에게 선물했던 쿠폰들이 있지만 아직 사용하지 않고 있다. 연애편지를 봤다가 왜 마음대로 편지를 보냐고 혼난 적도 있다. 그 서랍에는 내 탯줄과 돌 앨범, 발도장 등 태어날 때와 돌에 관련된 물건이 있다. 빠진 이도 있다. 세 번째 칸은 그냥 옷장이다. 겉에는 내가 세 살 때 붙여 놓은 스티커들도 있다. 옷장은 우리 가족의 작은 역사이다.

추억을 간직한 인형 우리 가족의 추억이 담긴 보물은 강아지 인형이다. 2004

년부터 있었던 것이다. 오빠의 인형이고, 오빠
가 한 살 때부터 있었다. 원래 이름은 '멍멍이'
인데 오빠가 어렸을 때라 발음을 잘 못해서 '뻑
뻑이'라고 했다고 한다. 아빠가 오빠에게 뻑뻑
이를 던지면 기어서 코를 물고 뜯어서 엄마가
여러 번 꿰매 주시고 모자도 달아 주었다고 한
다. 오빠도 인형을 좋아하지 않고, 엄마와 아빠
도 내 인형은 다 버리라고 하면서도 오빠의 인

형은 버리라고 하지 않는다. 지금은 별로 쓰지도 않고 엄청 낡았지만 모두 버
리려고 하지 않고 항상 오빠의 침대 위에 있다.

제2의 집, 텐트 내 보물은 텐트이
다. 내가 어렸을 때부터 캠핑을
다녔는데 텐트가 너무 낡아 일곱
살 때 텐트 파는 데 가서 내 눈을
사로잡은 이 텐트를 샀다. 그 텐
트는 그때부터 지금까지 나의 두

번째 집이 되어 주고 있다. 비가 올 때는 비도 막아 주고, 가끔은 영화관이 되
기도 했다. 내가 그 텐트를 고른 까닭은 내가 생각했던 모양인 데다가 아주
컸기 때문이다. 그런데 텐트가 접혀 가방에 들어가 있어서 작다고 운 적도 있
다. 캠핑 갔을 때 텐트를 내 손으로 닦았던 기억도 있다. 지금은 아빠를 도와
텐트를 편다.

② 그림책으로 소개하기

8쪽짜리 책에 1쪽은 표지, 2~7쪽은 보물 사진, 보물의 특징, 보물에 얽힌 이야기 등을 담는다. 그리고 8쪽에는 보물 소개하는 그림책을 만든 소감을 적는다.

보물 소개 그림책 표지

③ 포스터로 소개하기

  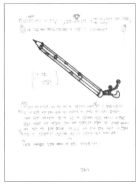

- **보물을 가져오거나 사진으로 찍어 와 친구들과 이야기를 나누어 보세요.**

  • 나와 식구들의 추억이 담긴 보물을 친구들에게 알려 주었다. 내 보물은 향

가져온 보물을 보며, 보물인 까닭과 보물에 얽힌 사연을 중심으로 이야기를 나눈다. 가져오기 곤란한 경우는 보물 사진을 찍어 와 사진을 보며 이야기를 나눈다.

초이다. 정전이 될 때마다 향초를 켜고 이야기를 나누었다고 얘기해 주었다. 우리 모둠 친구들 중에는 세연이가 이야기를 잘한 것 같다. 세연이는 팔찌를 보물이라고 했다. "내가 어릴 때 마트에서 길을 잃었어. 이 팔찌에 전화번호가 적혀 있어서 마트에서 식구들을 다시 찾을 수 있었어."라고 했다. 세연이처럼 나도 보물 팔찌가 있으면 좋겠다는 생각을 했다. 다른 사람이 가지고 있는 보물 이야기를 들으면 나도 좋아할 수 있다는 것과 똑같은 물건이 있어도 똑같은 추억을 만들 수 없다는 것을 깨달았다. 추억이 담긴 즐거운 이야기들이 나의 보물이 될 것 같다.

■ **식구들과 보물에 대한 이야기를 나누어 보세요.**

아빠: 자전거 병원에서 '지방간'이라는 진단을 받은 후에 건강을 위해서 탔다. 자전거로 국토 종주도 하고 출퇴근도 한다. 자동차보다 자유를 준다는 것을 알았다.

엄마: 자동차 키 운전면허를 따고도 무서워서 자동차 운전을 못했는데 최대한 용기 내서 탔다.

동생: 자전거 아빠가 사 주셨고, 아빠와 단둘이 자전거를 가지고 제주도 여행을 갔었다.

특이하게 아빠와 동생의 보물이 같았다. 엄마는 한참을 고민하다가 정하셨다. 엄마에게는 보물이 별로 없는 것 같았다. 보물이 될 만한 것을 많이 만들어 드려야겠다.

아빠: 내 편지들 내가 어렸을 때 썼던 편지들을 박스에 모아 옷장에 넣어 두었다. 지금도 아끼고 있다.

엄마: 내 발도장 내가 어렸을 때 아빠가 석고로 내 발을 찍은 걸 우리 집에 걸어 놓았다.

할머니: 성경책 처음으로 교회를 다닐 때 받은 것이고, 그동안 한 번도 바꾸지 않았고, 저녁마다 읽고 잔다.

엄마와 아빠의 보물이 나에 관한 것이라 놀랐다. 오래 두고 아끼고 있으면 좋은 보물이 되는 것 같다.

아빠: 가계부 직장 생활을 처음 한 1992년부터 지금까지 쓰고 있다.

엄마: 열쇠고리 외할머니께서 중국에 가셨을 때 찍은 사진이 담겨 있다.

형: 컴퓨터 처음으로 스스로 조립해서 만든 컴퓨터이다.

유치원 때 추억이 새록새록 떠올랐다. 24년 전부터 아빠가 가계부를 써 왔다는 점이 놀라웠다.

아빠: 카메라 내가 어릴 때부터 찍은 사진이 많이 들어 있다.

엄마: 답사에서 주워 온 돌 엄마가 선생님이 되고 얼마 안 되었을 때 여기저기서 주워 온 돌이다.

동생: 액체 괴물 엄마 아빠가 예전부터 버리라고 했지만 아직도 갖고 있다. 액체 괴물로 여러 가지를 만들고 있다.

각자의 보물이 무엇인지 물어봤을 때 엄마 아빠는 물건이 아니라 나랑 동생이 보물 1호라 그랬다. 엄마 아빠가 우리를 엄청 사랑하시는 것 같다.

■ **지금 내 보물 중에 친구들과 나누어 쓰고 싶은 것은 무엇인지 쓰세요. 보물 자랑도 해 보세요.**

① 보물 소개하기

• 내 보물은 침대에 있는 이불이다. 할머니께서 엄마 아빠 결혼 선물을 못 주셨다고 얼마 전에 주셨다. 집에 가서 침대에 누우면 부드럽고 시원하다. 이불 위에 공을 올려놓고 튀길 수도 있고 책상에 덮은 다음 아래에 들어가 놀 수도 있다. 유령놀이를 할 수도 있고 낙하산처럼 사용할 수도 있다. 이불을 접어 가며 몇 명이 서 있는 놀이도 재밌다. 이불로 할 수 있는 놀이는 주로

여러 명이 함께 할 수 있는 놀이인데, 상상하기에 따라 더 재미있는 놀이도 나올 수 있다.

- 이름은 달님이고 내가 애기였을 때부터 있던 거라서 보물이다. 짜증이 날 때 인형에다가 스트레스를 풀기도 했다. 좋은 점은 다리에 끼고 잘 수도 있다는 것이다. 심심할 때 목에 묶여 있는 리본을 풀면 재미있다.

- 지금 나의 보물 1호는 기타이다. 내가 처음으로 내 돈으로 산 악기이다. 기타는 소리도 좋고 배우기도 쉽다. 같이 치면서 노래하면 더 재밌게 쓸 수 있다. 또 코드만 알면 기타로 새로운 음악도 만들 수 있다.

- 나의 현재 보물은 마스킹 테이프이다. 내 취미인 리폼하기에 많이 활용된다. 줄여서 '마테'라고 부르기도 한다. 내가 힘들고 우울할 때 마스킹 테이프로 헌 물건을 새것처럼 꾸미면 기분이 좋아진다.

- 내 보물은 지우개이고 이름은 '노랭이 2세'이다. 2세인 이유는 이 지우개와 똑같은 지우개 이름을 '노랭이'라고 지었는데 그 지우개가 절대 꺼낼 수 없는 곳에 빠져서 새로 산 것이기 때문이다. 항상 학교에 가지고 다닌다. 이 지우개는 다른 지우개보다 더 잘 지워지는 것 같다. 내 보물은 사람들이 이해하기가 힘들고 특별한 것이다. 하찮아 보이지만 나에게는 아주 소중하다.

② 내 보물을 함께 나누어 쓰고 싶은 친구 또는 내 보물을 좋아할 만한 친구 쓰기

- 색칠놀이 좋아하는 사람, 꾸미는 것이나 그리는 것 좋아하는 사람 (컬러링북, 스케치 색연필 72색)

- 만들기 좋아하는 사람, 친구랑 빨리 친해지고 싶은 사람 (마스킹 테이프)

- 글과 그림을 좋아하는 사람, 내 것을 보고도 비웃지 않는 사람, 내 보물을 막 다루지 않는 사람 (수첩)

- 상상력이 풍부한 친구, 엉뚱하고 기발한 친구 (이불)

- 인형을 좋아하거나 잘 때 무언가를 안고 자는 사람 (곰인형)

- 밤에 잘 때 악몽을 많이 꾸는 사람 (인디언 부적)

- 악기를 소중하게 여기는 사람, 자신감이 필요한 사람 (기타)

- 보드게임을 좋아하는 사람, 승부욕이 있지만 자기 차례를 잘 기다리는 사람, 쉬는 시간에 공기놀이 하는 것이 지루해진 사람 (할리갈리컵스)

■ 보물을 함께 쓸 사람을 모으는 모집 광고를 만들어 보세요.

■ 함께 써 보고 싶은 친구의 보물 광고 아래에 내 이름을 적어 보세요.

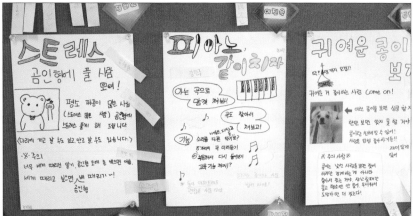

■ 보물을 함께 쓰고 싶다고 한 친구들과 약속을 정해 보물을 나누어 보세요.

여러 친구의 보물을 나누어 써 보게 하기 위해서는 보물을 함께 사용할 시간을 충분히 주어야 한다. 일주일 정도 기간을 정해 놓고 쉬는 시간에 보물 나누기를 하는 것이 좋다. 보물의 특성상 학교에 가져오기 어려운 경우에는 보물을 나누어 쓴 사진이나 동영상을 찍어 온다.

72색 색연필과 컬러링북

악몽을 쫓아 준다는 인디언 부적

물건을 꾸며 주는 마스킹 테이프 1

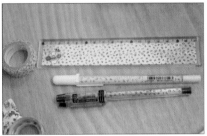

물건을 꾸며 주는 마스킹 테이프 2

할리갈리컵스(보드게임)

기타

피아노

이불

■ 내 이야기가 담긴 보물 소개하기, 보물 나누기 활동을 하며 있었던 일을 통해 배우고 느끼고 깨달은 점을 써 보세요.

과거도 보고 미래도 보자

나는 가족과 관련된 보물로 안방에 있는 옷장에 대해서 이야기했다. 그 옷장에는 탯줄, 엄마 아빠가 주고받은 연애편지, 어릴 때 입던 옷, 베개, 산모 수첩 등이 들어 있다. 나와 엄마, 아빠의 이야기가 담겨 있는 중요하고 오래된 옷장이다. 우리 집에는 오래된 사진, 그림, 가방처럼 오래된 물건이 많다. 하지만 시간이 지날수록 좋은 물건들이 집에 들어와 보물에 먼지가 쌓이고 있었다. 나도 가족들도 앞으로 할 일을 걱정하기는 하지만 과거의 기억들은 잘 떠올리지 않았다. 과거를 되돌아보는 시간이 필요할 것 같다는 생각이 들었다.

친구들과 나눈 내 보물은 분홍색 이불이다. 친구들과 보물을 나누기 위해서 이불을 가지고 놀이터 정자로 갔다. 정자에는 예서, 지혜, 보연이, 주연이, 지은이가 왔다. 처음에는 한 명이 이불 위에 올라가면 나머지 사람들이 함께 이불을 들어 주는 놀이를 했다. 보연이가 먼저 올라갔다. 그리고 주연이, 지은이, 지혜, 나, 예서 순으로 올라갔는데 뒤 순서부터 힘들어졌다. 이렇게 탄 후에는 타고 싶은 사람이 한 번씩 더 탔다. 그러고 나서는 김밥말이를 했다. 김밥말이도 은근히 재미있었다. 또 진드기 놀이도 했다. 정자의 네 기둥에 애들이 붙고 이불은 가운데 깔아 두었다. 이불 안에는 술래만 들어갈 수 있고 나머지는 밟으면 술래가 된다. 진드기 술래가 되니 친구들을 잡기가 너무 어려웠다. 이불을 깔아 놓고 그 위에서 돼지씨름도 했다. 친구들이 밀면서 이불이 구겨지니까 더 재미있었다. 돼지씨름을 한 후에는 이불 뺏기를 했다. 여섯 명이 모두 서서 이불을 같이 쓰고 이불 안에 있는 다른 사람을 밀어내는 놀이다. 이 놀이는 딱 한 번만 했는데 그때 내가 이겼다.

친구의 보물을 나누어 쓸 때는 민주의 콩이가 먼저였다. 콩이는 민주네에 들어가자마자 막 날뛰었다. 예서가 장난을 치니까 보연이, 예서, 내 손을 계속 물었다. 그렇지만 서랍 밑에 들어갈 때면 너무 귀여웠다. 혜원이의 보물은 마스킹 테이프. 지우개를 가져가 테이프를 붙여 꾸몄다. 지우개가 알록달록해져 기분이 좋았다. 짧은 시간이었지만 보물을 나눈 시간 동안 친구들이 좋아하는 것을 알게 되었다. 친구가 좋아하는 것을 알게 되었으니 더 친해지도록 노력해야지.

보물 나누기

내가 나눈 보물은 피아노이다. 민주와 토요일에 우리 집에서 피아노를 쳐 보았다. 피아노 소리를 바이올린 소리로 바꿔 보기도 하고, 우리나라 전통 악기 소리로 바꾸기도 했다. 음과 관계없이 여러 소리가 나오니까 더욱 재밌었다. 또 내가 치다가 좀 실수를 해서 "와, 나 진짜 못 친다."라고 말하고서 연주를 하다가 말았다가 하다가 말았다가를 반복했다. 민주는 "잘 친다." 했지만 역시 나는 못 친 것 같다. 연습해야겠다.

나는 혜민이의 72색 색연필을 나누어 썼고 민주의 보물인 강아지와 함께 놀았다. 혜민이와는 금요일 쉬는 시간에 같이 색칠북에 있는 그림들을 색칠했다. 민주도 같이. 72색이라 그런지 정말 색이 다양해서 좋았다. 그림자 같은 분위기도 낼 수 있었다. "쉬는 시간마다 이거 할래?"라고 내가 의견을 낸 덕분에 쉬는 시간마다 하게 되었다.

민주와는 토요일에 나의 보물인 피아노를 나눈 후, 민주네 집에 가서 강아지와 신나게 놀았다. 콩이라는 이름의 강아지였는데, 처음에 나보고 자꾸 짖어서 겁을 줬더니 나를 경계만 했다. 과자를 줘서 겨우 친해질 수 있었다. 그 후엔 인형을 던진 다음 "물어 와!" 하면서 놀기도 하고 안아 주기도 했다. 이 활동으로 친구들에 대해 좀 더 알 수 있었다. 나에게 많은 보물이 있다는 것도 깨달았다.

즐거우려면

나의 보물은 기타이다. 조금씩 돈을 모아서 내가 직접 산 기타이다. 배우기도 쉽고 소리도 참 좋다. 잘 치면 더욱 재미있다. 친구들과 보물 이야기를 나눈 뒤에 내 보물 1호를 같이 쓸 사람을 찾기 위해 보물 광고를 만들었다. 기타는 즐겁게 칠 수도 있지만 다른 사람에게 가르쳐 줄 수도 있어서 더 좋은 것 같다. 내 보물을 가지고 즐거우려면 내가 잘 가르쳐 주어야 할 것 같아서 어떻게 가르쳐 줄지 고민했다.

나는 혁준이, 휘선이, 진욱이와 함께 나의 보물인 기타를 나누었다. 여러 가지 코드를 가르쳐 줬고, 코드는 그냥 두고 스트로크를 마음대로 쳐서 노래도 만들었다. 친구들이 계속 배우고 싶다고 했다. 내가 하는 것을 보여 주기도 하고 가르쳐 주기도 하니 더욱 즐거워지는 것 같았다.

나는 나무의 할리갈리, 세연이의 별의 커비, 지혜의 스트레스 곰인형을 나누어 썼다. 나무랑 할리갈리를 할 때는 하는 방법이 달라서 진행하기가 힘들었지만 내가 이겨서 재밌었다. 세연이는 '별의 커비'라는 게임을 갖고 있어서 같이 했는데 하다하다 너무 어려워서 그만두었다. 지혜의 스트레스를 풀게 하는 곰인형은, 스트레스 받은 일을 생각하면서 때리면 되는 거였다. 은근 재밌었다. 친구와 함께 나의 소중한 것을 나누니 더욱 가까워진 것 같다.

함께 볼만한 그림책

무민의 특별한 보물

토베 얀손 지음 | 서하나 옮김 | 어린이작가정신

70년 가까운 시간 동안 전 세계에서 사랑받는 캐릭터인 무민 시리즈 중의 하나이다. 무민은 자기만 갖고 있는 특별한 것이 보물이라고 생각한다. 주변 사람들은 모두 각자의 보물이 있지만 무민에게는 없다. 그래서 무민은 자신이 보물로 삼을 물건을 찾아다닌다. 보물은 그저 값비싼 물건이 아니라 나의 정체성을 나타내는 물건이라는 것, 또 때로는 눈에 보이지 않는 것까지 포함한다고 작가는 이야기한다. 학년에 상관없이 모두 읽을 수 있고, 나의 보물에 대해 이야기를 나누기에 좋은 책이다.

가방 안에 든 게 뭐야?

김상근 글·그림 | 한림출판사

소아정신과 의사 서천석이 한겨레신문에 '2015년 새롭게 등장한 젊은 그림책 작가'로 소개한 김상근 작가의 두 번째 작품이다. 개구리의 가방 안에 든 것은 개구리가 가장 소중하게 여기는 보물이다. 급하게 뛰어다니는 개구리를 보며 다른 동물들은 저마다 자신이 가장 좋아하는 물건이 가방 속에 들어 있다고 상상을 한다. 글보다는 그림이 하는 이야기가 많은 책이다. 아이들이 좋아할 만한 등장인물들과 속도감 있는 이야기 전개가 돋보인다. 더불어 그림책을 보는 내내 개구리의 가방 안에 든 것이 무엇인지 아이들과 상상해 보는 재미가 있다.

수업 나누기

국어사전에서 '보물'의 뜻을 찾아보면 "썩 드물고 귀한 가치가 있는 보배로운 물건"이라고 풀이해 놓았다. 아이들이 생각하는 보물의 뜻이 무엇인지 궁금해 물어보니, 스마트폰처럼 '비싼 물건'이라고 말하는 아이들이 많았다. "남 주기 싫은 것이 보물이에요."라고 말하는 아이도 있었다. 아이들의 말과 행동은 어른의 모습을 비추는 거울이라고 하니, 아이들 탓을 할 수는 없겠다. "천만 개가 넘게 팔린 물건이 드물고 귀한 가치가 있는 것이라고 말하기는 어렵지 않겠냐?"라고 되묻고 《엄마와 나의 소중한 보물》을 보았다. 물건의 가치를 정하는 것은 가격이 아니라 물건에 담긴 나의 이야기와 추억에 있다는 것을 깨닫는 순간, 그제야 아이들은 자기 보물 이야기를 쏟아내기 시작했다.

나만 가지고 있고 싶고, 나만 알고 싶은 욕심은 어른의 것이지 아이들의 것이 아니다. 내가 좋아하는 것을 널리 알리고 자랑하고 싶은 것이 아이들의 마음이다. 아이들이 저마다 다르듯 보물이라고 여기는 물건도 서로 달랐다. 아이들이 각자 소중하게 생각하는 물건과 그 속에 담긴 이야기를 친구들과 식구들에게 꺼내는 과정을 통해 자신에 대해서 좀 더 진지하게 되돌아보는 계기가 되었다. 또 다른 사람들의 보물 이야기를 귀담아 들으며 소통하는 법도 배우게 되었다.

아이들이 서로의 보물을 나누어 쓸 약속을 잡으며 설레 했다. 이 활동은 자신이 원하는 사람을 대상으로 하는 것이 아니라 자신의 보물을 필요로 하는 사람과 하는 것이라는 점에서 특별한 의미가 있다. 자신이 소중하게 여기는 물건을

덜 친한 친구들과도 나누어 쓰고 이야기를 나누면서 아이들은 새로운 친구들과 관계를 맺는 법을 알게 되었다. 《내 보물 1호 티노》에서 "친해지고 싶다면 내가 가장 아끼는 물건을 주어야 한다."라고 한 말이 사실이었다고 깨닫게 되었다.

더 나아가 아이들은 '나눔'에 대해서 진지하게 생각하게 되었다. 그동안 아이들은 나눔은 좋은 것이니 해야 되는 것이라고 들어 왔지만, 왜 나누어야 하는지, 어떻게 나누어야 하는지, 나누면 무엇이 좋은지를 생각할 기회는 없었다. 아이들이 자기 것을 남에게 기꺼이 나눌 수 있는 사람으로 자라려면 말보다는 경험이 중요하다. 보물 나누기 활동을 통해, 진정한 나눔의 즐거움은 자신에게 더 이상 가치 없는 것이 아니라 가장 소중한 것을 나눌 때 느낄 수 있다는 것을 알게 되었다. 또 '나눌수록 즐거움은 커진다'는 사실도 몸소 겪으며 알게 되었다. 그 경험의 기회를 만들어 주는 것이 아이들을 가르치는 사람이 해야 할 몫이라고 생각한다.

넷

함께해서
고마워요

소중한 사람

그림책 미리 보기

100만 번 산 고양이

사노 요코 글·그림 | 김난주 옮김 | 비룡소

《하지만 하지만 할머니》,《하늘을 나는 사자》 등의 작품을 쓴 사노 요코의 대표작이다. 1977년에 일본에서 처음 출판되고 나서 세계 곳곳의 언어로 번역되어 지금까지 사랑받고 있다.

'100만 번이나 산 고양이'라니 대체 무슨 사연이 있는 걸까? 빨간색의 강렬한 제목만큼 두 발로 서 있는 고양이의 푸른 눈빛이 예사롭지 않다.

100만 번이나 태어나면서 고양이는 주인들에게 사랑을 받았지만 정작 고양이는 주인을 싫어했다. 자신이 싫어했던 누군가의 고양이로 100만 번이나 산 고양이는 드디어 처음으로 자신만의 고양이가 되었고, 자신에게 눈길도 주지 않는 하얀 고양이를 만나면서부터 삶이 완전히 달라졌다. 어느새 고양이는 하얀 고양이와 함께 오래오래 살고 싶다는 생각을 한다. 오랜 시간이 흘러 어느 날 하얀 고양이가 죽자 고양이는 그 곁에서 100만 번이나 울며 슬퍼한다. 자신이 사랑하는 하얀 고양이 곁에서 목 놓아 울다 잠든 고양이가 더 이상 살아나지 않았던 까닭은 무엇일까? 하얀 고양이에게 기대어 앉아 함께 먼 곳을 바라보고 있는 고양이의 애틋한 뒷모습이 긴 여운을 남긴다.

자신이 살았던 삶에 자신이 사랑하는 사람이 없었기 때문에 고양이는 100만 번이나 다시 태어난 것 같다. 하지만 고양이가 마지막으로 살았을 땐 사랑이 있었고 고양이는 처음으로 삶을 애틋하게 생각했다. 사랑해서 소중하고, 소중한 것은 애틋한 삶을 만든다. 아무리 백만 번을 살아도 사랑이 없는 소중하지 않은 삶에는 여운이, 슬픔이 없었다.¶

백만 번이나 죽고 살아난 고양이가 처음으로 마음의 문을 열고 함께한 고양이 덕분에 즐겁고 의미 있게 마지막 인생을 산 것 같아 기쁘다. 둘이 많은 시간을 함께하지 못해서 안쓰럽기도 하다.¶

아마도 그 고양이가 계속 태어난 건 소중한 무언가를 찾기 위해서인 것 같다. 계속 죽었는데도 눈물 한 번 없고 소중한 사람이 없던 고양이가 하얀 고양이를 만나 소중한 사랑을 찾은 게 잘됐다고 생각했다. 소중한 무언가를 잃은 느낌도 알게 돼서 다행이라고 생각한다. 소중한 게 없으면 행복하지도 않은 것 같다.¶

100만 번 산 고양이는 다양한 방법으로 죽었지만, 100만 번이나 살아났다. 100만 번 산 고양이가 주인들을 싫어해서 다시 살아난 것 같고, 100만 번 산 고양이가 하얀 고양이를 만났을 때 죽고 다시 살아나지 않은 까닭은 소중함을 알게 되어서인 것 같다.¶

색깔 손님

안트예 담 글·그림 | 유혜자 옮김 | 한울림어린이

할머니 집에 손님이 찾아온 모양이다. 그런데 그냥 손님이 아니라 '색깔 손님' 이란다. 색깔이 있는 손님? 아니면 색깔을 주는 손님? 여기서 '색깔'이 뜻하는 것은 뭘까? 어두운 집 안 풍경 때문에 문 밖의 노란 빛이 더 밝게 느껴진다. 문 앞에 선 할머니는 무슨 까닭인지 선뜻 문을 열지 못하고 조심스럽게 귀를 기울이고 있다.

엘리제 할머니가 혼자 사는 집은 색이 없어 흑백사진처럼 어둡다. 어느 날 이 집에 종이비행기 하나가 날아 들어온다. 그리고 그 종이비행기를 찾으러 온 아이, 에밀. 어두웠던 할머니 집은 에밀이 지나간 자리마다 예쁜 색깔로 물들기 시작한다. 엘리제 할머니의 얼굴에도 전에 볼 수 없었던 발그레한 웃음이 감돈다. 왜 그런 걸까? 에밀을 통해 할머니의 삶에 어떤 변화가 생긴 걸까? 무슨 일이 일어나고 있는 것일까?

에밀과 함께하는 시간들로 엘리제 할머니의 집이, 삶이 달라지는 것을 느끼며 내 삶의 색깔 손님은 과연 누구인지 문득 주변을 둘러보게 된다. 에밀처럼 우리의 삶에 색깔을 준 소중한 사람에 대해 생각해 보기 좋은 책이다.

할머니의 집이 흑백이었던 이유는 외로워서였던 것 같다. 아무도 들어오지 못하게 꼭꼭 닫아 놓았다가 아이가 문을 두드려 문이 열린 것 같다. 그래서 할머니 댁에 색이 들어온 것 같다. 누군가 문을 두드려 줘서 새로운 것을 받아들이게 된 것 아닐까?

에밀이 밝은 모습으로 색을 넣어 주는 모습이 좋다. 색이 있느냐 없느냐에 따라서 사람의 표정과 행동, 분위기가 바뀌는 것 같다. 나도 누군가에게 좋은 색을 넣어 주는 에밀 같은 사람이 되어야겠다.

색깔 손님인 에밀이 지나가는 길마다 색깔이 입혀져서 신기했다. 아마도 꼬마 손님 에밀이 쓸쓸함을 다 채워 주어서 그런 것 같다.

처음에는 할머니와 집이 흑백이었는데 색깔 손님이 찾아와 색이 변했다. 겁이 많아 혼자였던 엘리제 할머니에게 에밀이 와서 좋은 추억을 되살아나게 하였고, 또 행복한 추억을 만들어 주었기 때문이다. 처음엔 외로움과 쓸쓸함이 그림에서 보였는데 나중에는 행복함과 설렘이 가득 보였다. 정말 외로웠는데 누군가가 와서 나에게 손을 내밀어 준다면 정말 행복함이 가득할 것 같다.

나도 할머니 댁에 가면 할머니 할아버지가 정말 기뻐하셔서 얼굴에 웃음꽃이 피신다. 그리고 헤어질 시간이 되면 매우 아쉬운 표정으로 나를 배웅하신다. 빨리 또 할머니 댁에 가서 색깔 손님이 되어야겠다.

그림책 활동지 <u>나에겐 소중한 사람이 있어요</u>

1-1 '소중하다'는 것은 어떤 뜻일까요?

1-2 소중한 사람은 어떤 사람일까요?

2-1 그림책《100만 번 산 고양이》를 감상해 보세요.

2-2 나에게 '하얀 고양이'와 같은 사람은 누구인지 써 보세요.

누구	소중한 까닭

3 위에 쓴 사람 중 한 사람을 소중한 까닭이 드러나도록 소개해 보세요.

4-1 그림책《색깔 손님》을 감상해 보세요.

4-2 나의 삶에 좋은 영향을 주는(색깔을 주는) 사람을 생각나는 대로 써 보세요.

4-3 위에 쓴 사람 가운데 한 사람을 골라 그 사람을 색깔로 표현해 보세요. (그 사람
  이 내 삶에 소중한 까닭이 무엇인지, 어떤 영향을 주는지, 고마운 점은 무엇인지 등을
  생각하며 가장 잘 어울리는 색으로 나타내 보세요.)

누구	어떤 색깔	왜

5 활동을 통해 배우고 느끼고 깨달은 점을 써 보세요.

아이들 활동 엿보기

■ '소중하다'는 것은 어떤 뜻일까요?

다른 것으로 대신할 수 없다 / 함부로 대할 수 없을 정도로 귀중하다 / 나에게
웃음을 주는 것 / 아끼고 지키고 싶고 사랑하는 것 / 잊을 수 없는 것 / 정이 있
는 것 / 힘이 되는 것 / 나에게는 하나뿐인 존재

■ 소중한 사람은 어떤 사람일까요?

모든 것을 다 내어줄 수 있는 사람 / 내가 사랑하고 아끼는 사람 / 밉더라도
없으면 막 보고 싶은 사람 / 나에게 마음을 열어 준 사람 / 나를 키워 주고 지
켜 주는 사람 / 마음이 잘 통하는 사람 / 믿을 수 있는 사람 / 나를 행복하게 해
주는 사람 / 힘이 되어 주는 사람 / 나를 이 세상에 있게 하는 사람 / 없어진다
면 눈물이 나는 사람 / 내 말을 다 들어 주고 맞장구쳐 주는 사람 / 나랑 잘 맞
고 정이 많은 사람 / 나와 추억이 많은 사람 / 내가 웃으면 같이 웃어 주고 슬
프면 같이 슬퍼해 주는 사람

■ 나에게 '하얀 고양이'와 같은 사람은 누구인지 써 보세요.

• 현우와 현진이. 같이 축구를 하고 같이 기타 학원을 다니면서 진정한 행복
  을 알게 되었다. 함께 있으면 마음이 편하고 웃음이 난다.
• 서주. 한마디로 단짝. 내 실수를 이해해 주고 내 이야기를 자신의 일처럼
  잘 들어 주고 해결해 준다.
• 코치님. 축구를 가르쳐 주시고, 내가 축구 선수가 될 수 있도록 도와주신다.
• 엄마. 나를 키워 준 사람이다. 게다가 힘든 집안일을 해서 가족을 기분 좋

게 하는 사람이다. 물론 나도 엄마를 돕긴 하지만 엄마가 날 키워 주고 먹여 살렸으니 가장 소중한 사람이라고 생각한다.

■ **소중한 까닭이 드러나도록 소개해 보세요.**

- 내게 소중한 사람은 이모입니다. 엄마도 소중하고 아빠도 소중한데, 이모가 없으면 안 되기 때문입니다. 왜냐하면 우리 부모님은 맞벌이를 하시기 때문에 나를 돌봐 줄 사람은 이모밖에 없고, 이모가 없으면 내가 학교 갔다 와서 반겨 줄 사람이 없습니다. 항상 엄마처럼 챙겨 주어서 소중합니다. 엄마보다 이모랑 있는 시간이 더 많고 이모가 날 키워 주셔서 이모가 없으면 삶이 무의미해질 것 같습니다. 나를 반겨 주는 이모가 소중하다고 생각합니다.

- 저에게 소중한 사람은 서현이입니다. 내 마음을 잘 알아주고 음악 줄넘기도 같이 나니기 때문입니다. 그리고 서현이가 친절하게 대해 줄 때는 아무리 하기 싫은 일이라도 할 수 있을 정도로 기분이 좋습니다. 또 항상 웃어 주어서 고맙습니다. 서현이가 내 옆에서 "고마워.", "잘했어." 같은 말을 해 주면 나도 서현이에게 "너도 고맙고, 잘했어."라고 말해 주고 싶습니다. 게다가 실수를 해도 이해해 주어서 저에게 서현이는 소중합니다.

- 형은 내가 까불어도 조금은 참아 주고, 장난쳐도 받아 준다. 게임할 때도 재미있게 해 주고, 잘생기지도 않았는데 잘생겼다고 웃긴 말을 해 주고, 내 형이어서 소중하다. 그리고 가끔씩 양보도 해 주고, 밖에서 먹을 때 형이 맛있는 거 잘 찾아서 내가 따라 먹을 수 있게 해 준다.

- 우리 언니는 머리를 길러서 하나로 묶고 다녀. 이마에 여드름이 좀 있는데 그걸 좀 신경 쓰긴 해. 내가 엄마나 아빠께 혼났을 때 부드러운 목소리로 날 위로해 줘. 내 하나뿐인 언니는 해 달라는 건 거의 다 해 주고 날 재미있

게 해 줘. 세상에서 우리 언니가 최고야! 내가 우리 언니 동생이라서 다행이라고 생각해. 나중에는 내가 위로해 주고 격려해 주고 싶어.

- 우리 할머니는 나한테 하얀 고양이처럼 소중해요. 나를 사랑해 주시고 어렸을 때부터 나를 키워 주셨어요. 어렸을 때 거짓말하는 버릇을 고치게 해 주셨던 일도 생각납니다. 그리고 하루하루 맛있는 요리를 많이 해 주시고 슬플 때는 토닥여 주며 위로해 주신 할머니가 우리 할머니라는 게 너무 좋아요.

■ 나의 삶에 좋은 영향을 주는(색깔을 주는) 사람은 누구인가요? 그 사람을 색깔로 표현해 보세요.

나를 나를 풀밭으로!

축구 코치님: 풀밭으로 인도해 준 색깔
많은 도움을 주셨고 나의 꿈도 찾게 해 주셨다.

따뜻하고 밝으신 할아버지

할아버지: 햇살같이 따뜻하고 밝은 색깔
농사를 해서 우리가 거두어들일 수 있는 것이 많다는 것.

점점 재미있다

민서: 옅은 하얀색에서 점점 재미있어지는 듯한 파란색　난 평생 장난을 많이 안 치며 살았다. 근데 민서 덕분에 장난이 얼마나 재미있는 건지 알게 되었다.

바닷가 옆의 분홍빛

예쁜 이모: 시원한 바닷가 옆에 있는 아주아주 예쁜 연분홍색 아이스크림 같은 색깔　나의 고민도 시원하게 들어 주고 예쁜 것을 많이 보게 해 주셔서.

할머니: 건강한 초록빛이나 연둣빛　항상 우리의 건강을 챙겨 주시기 때문에.

헤르미온느: 잔디밭의 녹색과 하늘색이 어울린 색　내가 힘들 때마다 옆에서 노력하면 충분히 해낼 수 있다고 해 주는 것 같다.

봄날 선생님: 방 한 칸짜리 집에서 덮고 자는 노랗고 따뜻한 이불 색, 또한 차갑고 도도한 파란색　봄날 샘을 만나기 전에는 친구의 겉만 보고 '좋다, 싫다' 중하나로만 판단했는데 요즘에는 친구를 존중할 줄 알게 되었다.

아빠: 하늘색과 완전 연한 청록색　내가 우울할 때 '긍정'이라는 걸 알려 주어서 내가 이렇게 활발해졌다. 여행을 가고 즐겁게 해 주어서 행복이란 걸 알게 되었다.

■ 활동을 통해 배우고 느끼고 깨달은 점을 써 보세요.

- 삶에 색깔을 준 사람들, 참 고맙고 나도 다른 사람의 삶에 색깔을 주는 사람이 되고 싶다. 열심히 노력해야 할 것 같다.

- 나의 소중한 사람에 대해서 생각하게 만들어 주는 시간이었다. 또 아는 사람이 많지만 진정 소중하고 내 마음을 알아주는 사람이 얼마 없다는 게 좀 속상하다. 만약 이 세상 모든 사람이 이 활동지를 한다면 거기에 내 이름을 적은 사람이 몇 명이나 될지 궁금하다.

- 그냥 옆에 있으니까 소중함을 모르고 살아왔는데 이 활동을 통해서 곁에 있는 사람의 소중함을 깨달은 것 같다. 이렇게 소중한 사람에 대해 파고드는 건 처음이라 좋은 시간이었던 것 같다.

- 내가 누군가에게 영향을 미친다고 생각하니까, 내가 이 세상에서 사라지면 슬퍼할 누군가가 있다고 생각하니까 삶을 더 열심히 살아야겠다는 생각이 들었다.

- 나도 누군가에겐 소중한 존재겠지? 누군가에겐 사랑받는 존재니 함부로 하면 안 되겠다는 다짐을 했다. 난 생각해 보니 본받아 본 사람이 정말 많았다. 나도 누군가에게 본받을 만한 존재가 되고 싶다는 생각을 하게 되었다. 본받을 일을 많이 해야겠다.

함께 볼만한 그림책

할머니가 남긴 선물

론 브룩스 그림 · 마거릿 와일드 글 | 최순희 옮김 | 시공주니어

함께한 시간만큼이나 서로에게 소중한 존재인 할머니와 손녀. 할머니와 함께해 온 삶이 너무나도 익숙한 손녀에게 헤어짐의 시간이 다가오고, 할머니는 '준비'를 해야 한다며 자리에서 일어난다. 손녀는 조용히 할머니를 따라가는데…… 앞으로 혼자 남겨질 손녀를 위해 할머니가 남긴 선물은 무엇일까? 자신이 소중하게 여기는 사람과 함께하고 싶은 시간과 소소한 일상이 무엇인지 생각해 보게 된다.

곰과 피아노

데이비드 리치필드 글 · 그림 | 김경미 옮김 | 재능교육

어릴 적 숲에서 우연히 피아노를 발견한 아기 곰. 처음에는 그 소리에 놀라 도망가기도 했지만, 피아노와 놀며 자란 곰의 연주 실력은 수준급이 되었다. 곰이 숲 속 공터에서 연주를 하노라면 숲 속의 모든 곰이 모여들어 그 마법 같은 소리를 듣곤 했다. 곰은 우연한 기회로 큰 도시에 나가 자신의 재능을 펼치며 성공하지만, 마음 한 구석 어딘가 허전함을 느낀다. 곰을 다시 숲으로 이끈 것은 무엇이었을까? 곰을 성장하게 한 밑바탕에는 친구들의 응원과 격려가 있었다. 소중한 존재를 너무 멀리서 찾지는 않았는지…… 문득 가까운 곳을 둘러보게 하는 그림책이다.

수업 나누기

이 세상은 혼자 살아가는 곳이 아니기에 우리는 살아가면서 하루에도 수많은 사람을 만난다. 계속 얼굴을 마주하고 살아가는 사람이 있는가 하면, 잠시 스쳐 지나가는 사람도 있다. 우리는 그 속에서 의도하지 않아도 서로 영향을 주고받는다. 직접이든 간접이든 누군가와의 만남으로 전에 없던 습관이 생겨나기도 하고, 말투나 행동이 조금씩 변해 가기도 한다.

이제까지 만나 온 사람들을 떠올려 보자. 지난날보다 내가 좀 더 단단해지고 한 뼘 자라난 것에는 시간도 한몫을 했겠지만, 가만히 생각해 보면 그것은 그 시간을 함께한 사람이 있었기에 가능했을 것이다. 그렇게 우리를 자라게 한 소중한 사람은 누구였을까? 아이들에게 '소중한 사람'은 '자신에게 사랑을 주는 사람, 자신이 가진 것을 나누고 싶은 사람, 앞으로도 함께 있고 싶은 사람'을 뜻했다.

그림책 《100만 번 산 고양이》를 읽으며 아이들은 자신에게 하얀 고양이와 같은 사람들을 떠올렸다. 먼저 가까이에는 나를 키워 준 엄마와 아빠, 그리고 때론 티격태격 싸우기도 하지만 막상 없으면 허전한 형제나 자매가 있었고, 바쁜 부모님을 대신해 나를 돌봐 주는 이모나 할머니도 있었다. 학교에는 자신의 고민을 털어놓고 위로받을 수 있는 친구들이 있었고, 그 외에 비록 멀리 떨어져 있지만 그리운 누군가도 있었다. 아이들은 그동안의 삶에서 자신에게 힘이 된 소중한 사람을 용케 찾아냈고 그 사람에게 든든함과 깊은 고마움을 느꼈다. 또한 자신도 누군가에게 소중한 사람이 되고 싶어 했다. 그러기 위해서 자신의 주변

사람들에게 어떻게 대해야 할지 구체적인 다짐을 세우는 모습이 기특했다.

우리는 그림책 《색깔 손님》을 함께 읽으며 '소중한 사람'의 의미를 좀 더 넓혀 보기도 했다. 오랫동안 늘 가까이에서 함께 지내 온 사람이 아닐지라도 어떤 계기로든 자신의 삶에 특별한 영향을 끼친 사람이 분명히 있었다. 아이들은 자신의 색깔 손님을 찾아 그 사람을 자신이 생각하는 색깔로 표현했다. 추상적인 표현이었지만 친구들의 작품을 감상할 때 특별한 의미를 발견했고 깊이 공감해 주었다. 아이들은 자신 역시 다른 사람에게 좋은 영향을 주는 색깔 손님이 되고 싶어 했다.

아이들은 소중한 사람의 영향으로 자신이 변화된 것을 깨닫고 그것을 다른 사람의 삶에 다시 나누고자 할 때 몰라보게 자라난다. 늘 가까이에 있기에 그 소중함을 미처 깨닫지 못하는 경우도 적지 않았을 텐데, 이번 기회에 돌아볼 수 있어 다행스러웠다. 아이들이 자라서 문득 자신의 삶을 되돌아보았을 때 자신을 키운 것이 주변의 소중한 사람들이었다고 이야기할 수 있다면, 그래서 삶의 순간순간을 사랑할 수 있다면 더할 나위 없이 좋겠다.

다섯

마음의
끌림

좋아하는 것

그림책 미리 보기

모두 모두 정말 좋아

윤여림 글 · 배현주 그림 | 웅진주니어

자아에 대한 긍정적인 생각을 심어 주는 그림책이다. 그림책 왼쪽 면에는 "나를 따뜻하게 안아 주는 푹신한 곰인형아, 나는 네가 좋아."라고 이야기하고, 오른쪽 면에는 행복한 표정으로 곰인형에게 안겨 있는 아이의 모습이 그려져 있다. 노랑 칫솔, 알록달록 변기, 초록 신발, 반들반들 돌멩이 등 아이가 좋아하는 것들과 그것과 함께하는 아이의 모습이 펼쳐진다.

"나는 네가 좋아."라는 문장은 다른 글씨보다 더 크게 반복적으로 표현되어 아이가 신나게 말하고 있다는 느낌을 준다. 그리고 이런 반복은 책을 읽는 동안 좋아하는 것을 생각하게 만드는 마법의 주문 같다. 그래서 책을 읽고 나면 내가 좋아하는 것들이 떠올라 기분이 좋아진다.

작가는 "마음에 사랑이 가득한 아이들에게 이 책을 드립니다."라고 말한다. 내 주변에 있는 물건, 나와 관계를 맺고 있는 사람들을 사랑하는 마음으로 본다면 모두 모두 정말 좋다는 말일 것이다. 마음에 사랑이 가득했던 어릴 적 그 마음으로 내 주변에 관심을 갖고 좋아하는 것들을 찾아보자. 그리고 내가 좋아하는 것을 만들어 보자.

저학년

이 책에 나오는 아이는 모든 것을 좋아하고 아끼는 것 같다. 이 아이처럼 모든 사람이 모든 걸 좋아하고 아끼면 좋겠다. 사람들은 왜 새것만 좋아하고 아끼지 않는지 모르겠다.

나도 샐리 저금통, 인형 등 내 방에 있는 모든 게 정말 마음에 든다. 요즘 새로 산 라이언 인형이 정말 좋다. 어릴 때는 신기하고 좋았는데 크니까 싫어하는 게 많아졌다.

나는 노란 베개를 좋아한다. 왜냐하면 내가 잠잘 때 노란 베개를 껴안고 자기 때문이다. 노란 베개는 보들보들해서 껴안고 있으면 스르륵 잠이 온다. 책에 나오는 아이처럼 모든 것을 정말 좋아하는 건 배울 점이라고 생각했다.

고학년

6학년인 나는 내가 좋아하는 것조차 잘 모르겠다. 책 속 아이처럼 내가 좋아하는 것이 무엇인지 생각해 봐야겠다.

내가 좋아하던 칫솔, 신발, 친구 등이 책에 나올 때마다 예전 기억들이 하나씩 떠올랐다. 그때의 나는 무엇을 좋아했구나 하고, 생각해 보지 않았던 예전의 나를 떠올리며 웃음이 났다.

마음이 따뜻한 아이들, 무엇이든 쉽게 좋아하는 아이들이 어떤 면에서 어른보다 낫지 않을까 싶다. 지금은 경계하고 의심을 품을 때가 많다.

그림책 활동지-저학년 좋아한다는 것은

1 '좋아한다'는 것은 어떤 뜻일까요?

2-1 좋아하는 것을 이야기해 보세요.

2-2 누구와 무엇을 하는 걸 좋아하나요? (혼자 하는 것 포함)

①

②

③

2-3 무엇을 가지고 어떻게 하는 걸 좋아하나요?

①

②

③

3 그림책 《모두 모두 정말 좋아》를 감상해 보세요.

4-1 좋아하는 것을 짝에게 이야기해 주세요. 짝 이야기를 들으며 궁금한 것을 물어
보세요.

4-2 짝이 좋아하는 것을 소개해 보세요.

5-1 우리 반 친구들이 좋아하는 것 가운데 우리 반 모두가 해 보고 싶은 것을 하나
골라 보세요.

5-2 고른 것을 함께 해 보세요.

6 활동을 통해 배우고 느끼고 깨달은 점을 써 보세요.

아이들 활동 엿보기

■ '좋아한다'는 것은 어떤 뜻일까요?

행복을 만드는 것 / 아끼는 것 / 추억이 있는 것 / 마음에 들고 딱 꽂힌 것 / 마음이 끌리는 것

■ 누구와 무엇을 하는 걸 좋아하나요? (혼자 하는 것 포함)

우리 모둠 친구들과 같이 얘기하며 밥 먹는 것 / 동생과 콩순이 퍼즐 맞추는 것 / 식구들과 여행 가는 것 / 엄마와 같이 레고 하는 것 / 동생이랑 힘이 빠지도록 노는 것 / 엄마와 김치 부침개 만드는 것

■ 무엇을 가지고 어떻게 하는 걸 좋아하나요?

세면대에서 거품놀이 하는 것 / 인형놀이 / 식구들과 앉아서 전기장판 틀고 이불 덮고 과일 먹는 것 / 가족과 윷놀이하는 것 / 비즈 만들기 / 똑같은 캐릭터 모아 두는 것 / 바느질하는 것 / 레고를 가지고 집 만드는 것 / 핸드폰이나 연필로 그림 그리는 것

■ 짝이 좋아하는 것을 소개해 보세요.

• 민준이는 피클을 좋아합니다. 왜냐하면 피클의 신맛이 좋기 때문입니다. 신맛이 좋은 이유는 톡 쏘기 때문입니다. 민준이는 이 톡 쏘는 맛을 좋아합니다. 또 민준이는 쌀과자를 좋아합니다. 쌀과자에 묻어 있는 하얀 가루를 좋아하기 때문입니다.

• 건우는 개구리를 좋아해. 혀가 긴 게 매력적이래. 또 밤에 개굴개굴 하는

게 좋대. 밤에 개구리 떼가 있는 것 같아서래. 또 다른 동물은 늑대가 좋대. 늑대의 털이 복슬복슬해서 좋대. 그리고 부드럽대.

• 내 친구 지훈이는 물고기 중에 연어가 좋다고 했다. 쫄깃쫄깃하고 입에서 살살 녹아서 좋다고 했다. 집에서 먹으면 초장과 고추냉이랑 먹는데 고추냉이를 특히 좋아한다. 지훈이네 가족은 다 연어를 좋아한다.

좋아하는 것 그리기 — 가족과 산책하기

내가 좋아하는 것 소개하기

■ 우리 반 친구들이 좋아하는 것을 함께 해 보세요.

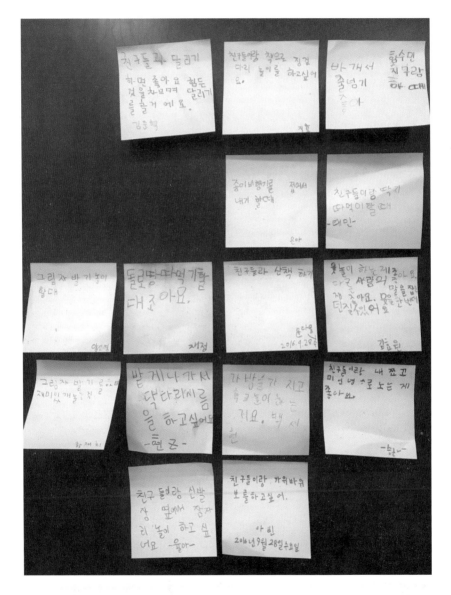

함께 하고 싶은 것 고르기

☐ 친구들과 달리기　☐ 종이비행기 날리기　☐ 딱지 따먹기　☑ 잠자리놀이 하기

잠자리놀이 함께 하기

■ 활동을 통해 배우고 느끼고 깨달은 점을 써 보세요.

- 민준이가 어떤 음식을 왜 좋아하고 어떤 맛을 좋아한다는 것을 알게 되었다.

- 친구가 좋아하는 걸 더 많이 알아서 좋은 시간이 됐다.

- 건우가 그냥 대충대충 해서 좀 힘들었지만, 그래도 교감하고 좀 더 친해진 것 같아서 기분 좋다.

그림책 활동지-고학년 좋아한다는 것은

1 '좋아한다'는 것은 어떤 뜻일까요?

2 그림책 《모두 모두 정말 좋아》를 감상해 보세요.

3-1 내가 좋아하는 것과 그 이유를 자세하게 이야기해 보세요.

3-2 누구와 무엇을 하는 걸 좋아하나요? (혼자 하는 것 포함)

　　①

　　②

　　③

3-3 무엇을 가지고 어떻게 하는 걸 좋아하나요?

　　①

　　②

　　③

3-4 어떤 공간이나 어떤 시간을 좋아하나요?

3-5 그 밖에 좋아하는 것을 써 보세요.

4-1 좋아한다고 한 것들을 잘 살펴보고 공통점이나 특징을 써 보세요.

4-2 오래전부터 좋아하는 것과 요즘 들어 좋아하게 된 것으로 나누어 보세요.

4-3 다른 분류 기준을 정해서 좋아하는 것들을 분류해 보세요.

5-1 3과 4의 내용을 친구들이 잘 알 수 있도록 자유롭게 표현해 보세요.

5-2 인상 깊은 친구 세 명을 골라 좋아하는 것과 까닭을 써 보세요.

이름	좋아하는 것	인상 깊은 까닭

6 활동을 통해 배우고 느끼고 깨달은 점을 써 보세요.

아이들 활동 엿보기

■ '좋아한다'는 것은 어떤 뜻일까요?

생각만 해도 웃음이 나오는 것 / 마음에 드는 것 / 보고 싶은 것 / 계속 생각나고 관심 가는 것 / 뭔가 자꾸 주고 싶고 사 주고 싶은 것 / 자기 전에 생각하면 잠이 잘 오는 것 / 소중하게 여기는 것 / 나한테 있으면 행복한 것

■ 누구와 무엇을 하는 걸 좋아하나요? (혼자 하는 것 포함)

혼자서 멍 때리기 / 가족이랑 영화관에서 영화 보는 것 / 혼자 소파나 침대 위에 누워서 꼬리에 꼬리를 물고 생각하는 것 / 내가 어른이 된 것 같은 느낌을 주는 혼자서 쇼핑하기 / 엄마 무릎에 누워 텔레비전 보는 것 / 엄마, 아빠, 할머니 귀지 파 주는 것

■ 무엇을 가지고 어떻게 하는 걸 좋아하나요?

해가 질 때 자전거 타는 것 / 가족과 화투와 윷을 가지고 게임하는 것 / 프라이팬으로 전 부치고 뒤집는 것 / 소파에 누워 핸드폰으로 웹툰 보는 것 / 자전거로 내리막길 빨리 가는 것 / 길에서 강아지를 만나면 만지는 것 / 맛있는 것을 엄청 쌓아 놓고 먹는 것

■ 어떤 공간이나 어떤 시간을 좋아하나요?

좋아하는 드라마 보기 5분 전 / 저녁을 먹고 시원한 곳에 앉아서 책 읽는 시간 / 해가 지는 것을 바라보는 시간 / 학원 끝나고 집에 가는 시간 / 잠자려고 누웠을 때 / 여행 가기 전 짐 싸는 시간 / 엄마가 저녁 해 주는 시간 / 새벽 1시에

서 4시(새벽 냄새가 좋다) / 할아버지네 집 앞마당 / 기름 냄새 나는 주유소

■ **그 밖에 좋아하는 것을 써 보세요.**

귤껍질 까기 / 친구들과 쇼핑 하러 가는 것 / 다 씻고 나왔을 때의 상쾌함 / 아빠가 해 준 떡볶이 먹는 것 / 학교에서 의자 흔드는 것 / 놀이공원에서 무서운 놀이기구 타는 것 / 밖에 나와서 라면 끓여 먹을 때 / 여름에 베란다 문 다 열고 거실에서 자기

■ **좋아한다고 한 것들을 잘 살펴보고 공통점이나 특징을 써 보세요.**

일상생활 어디에나 있는 것 / 가만히 있거나 무엇을 먹는 것 / 친구와 함께 하는 것 / 평온하고 조용한 분위기 / 몸을 쓰며 노는 것 / 혼자 하는 것 / 컴퓨터로 하는 것

■ **오래전부터 좋아하는 것과 요즘 들어 좋아하게 된 것으로 나누어 보세요.**

오래전부터 좋아하는 것
뛰면서 노는 것 / 달리는 차 안에서 바람 맞는 것 / 춤추기 / 자전거 타기 / 귤 까기 / 놀이공원 가는 것 / 만화영화 보는 것 / 그림 그리기 / 흐린 날 밤 / 축구 / 몸으로 노는 것

요즘 들어 좋아하는 것
침대에 누워 잠자기 전 오늘 했던 일 되돌아보기 / 매운 음식 먹기 / 피부 관리하는 것 / 아늑한 곳에서 텔레비전 보기 / 방에 혼자 있는 것 / 드럼 / 아무도 없는 집에 나 혼자 있는 것

■ 다른 분류 기준을 정해서 좋아하는 것들을 분류해 보세요.

• 혼자서 하는 것 – 여럿이 하는 것

• 움직이면서 하는 것 – 가만히 하는 것

• 안에서 하는 것 – 밖에서 하는 것

• 가전제품을 쓰는 것 – 아닌 것

■ 내가 좋아하는 것을 친구들이 잘 알 수 있도록 자유롭게 표현해 보세요.

① 8절 도화지에 표현하기

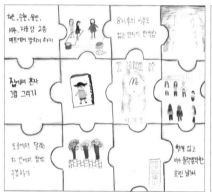

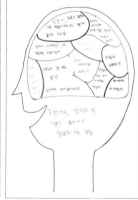

② 책 만들기

책 표지

책 본문

책 본문   책 만든 소감

③ '좋아요 가방' 만들기

삼각김밥 먹기

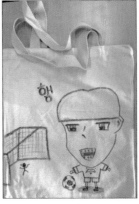
친구들과 축구하기

TV 보기

■ 인상 깊은 친구 세 명을 골라 좋아하는 것과 까닭을 써 보세요.

한유: 심심할 때 마술하는 것   한유가 마술을 하는지 전혀 몰랐는데 새로운 것

을 알게 되었다.

수현: 프라이팬으로 전 뒤집기   전을 먹는 게 아니라 뒤집는 걸 좋아하는 게 독특

하다. 나도 한번 해 보고 싶다.

유빈: 선풍기 틀고 이불 덮기 나랑 완전 똑같다. 이불의 포근함과 선풍기의 시원한 바람을 좋아하는 게 나랑 똑같고 나만 이런 줄 알았는데 신기하다.

성연: 추울 때 나는 냄새 추운 밤에 나는 냄새가 있다고 하는 게 신기하다. 어떤 냄새인지 궁금하다.

인상 깊은 친구 작품 찾기

■ **활동을 통해 배우고 느끼고 깨달은 점을 써 보세요.**

• 내가 좋아하는 것을 많이 쓰고 그걸 갖고 분류를 하니까 색달랐다. 그리고 내가 좋아하는 것을 많이 생각하니 저절로 웃음이 나오고 짜증났던 일을 잊고 웃게 되었다.

• 사소한 것도 좋아하는 게 된다는 것을 깨닫게 되었다. 친구들이랑 친하게 지내도 정확히 좋아하는 게 무엇인지 몰랐는데 이번 활동을 통해 알게 되었다. 나도 내가 좋아하는 것을 다시 생각해 볼 수 있었던 시간이었다.

• 애들이 좋아하는 게 되게 특이하고 색다른 것도 있어서 그 친구의 또 다른 점을 알게 되었고, 반대로 애들이 내가 좋아하는 걸 알게 되어서 기쁘다. 그리고 나만 그런 줄 알았던 행동을 다른 친구가 써서 신기했다. 이렇게 서로를 더 잘 알게 되어서 좋다.

• 내가 좋아하는 것을 쓰는 것이 어려웠다. 결국 다 썼지만 생각을 많이 해야 했다. 나를 좀 더 알아 가고 되돌아보는 시간이었다고 생각한다. 나에 대해 좀 더 알아야겠다.

• 좋아하는 것들 중 어떤 걸 쓸지 행복한 고민을 했다. 8절 도화지에 내가 좋아하는 걸 표현할 때 어떻게 표현할지 고민을 많이 했는데 친구들이 멋짓(디자인)한 것을 보니 대단하다는 생각이 들었다. 내가 좋아하는 것이 이렇게 많다는 것이 좀 놀라웠다.

함께 볼만한 그림책

아빠, 나한테 물어봐

버나드 와버 글 | 이수지 그림·옮김 | 비룡소

빨간 가을 단풍과 여자아이의 빨간 외투, 아빠의 파란 모자와 파란 운동화가 참 잘 어울린다. 가을이 가득한 공원에서 아빠가 무엇을 물어봐 주길 바라는지 궁금하다. 책을 펼치면 "아빠, 내가 좋아하는 게 뭔지 한번 물어봐."라는 말에 아빠가 묻고 아이는 좋아하는 것을 대답한다. 아이가 좋아한다고 말한 것들이 그림책 곳곳에 숨어 있어 찾아보는 재미가 있다. 뒷면지에는 아이가 좋아하는 반짝벌레가 불을 환히 밝히고 있다.

책은 처음부터 끝까지 온통 빨간색이다. 단풍, 아이의 옷, 칫솔, 잠옷도 빨강이다. 지금 아이가 가장 좋아하는 것은 무엇일까? 아빠의 파란 모자와 파란 운동화는 무엇을 의미하는 것일까? 서로 좋아하는 것이 무엇인지 묻고 싶어지는 그림책이다.

수업 나누기

누군가와 친해지고 관계를 유지하기 위해서 우리는 그 사람이 무엇을 좋아하는지 알아야 한다. 상대가 좋아하는 것을 많이 알고 있을 때 우리는 그 사람을 잘 알고 있다고 생각한다. 새 학기가 시작되면 교사는 아이들이 좋아하는 음식, 좋아하는 과목, 좋아하는 색 등 다양한 질문으로 아이들의 성향을 파악하고 가까워지려 노력한다. 아이들도 좋아하는 게 같거나 비슷할 때 더 쉽게 친해지고 무리를 짓는다. 좋아하는 것이 같다는 것은 서로 통한다는 말과 같기 때문이다.

아이들에게 "좋아하는 게 무엇이니?"라고 물었을 때 고학년으로 올라갈수록 대답을 어려워했다. 심지어 자신이 좋아하는 것을 생각하기 위해 많은 시간 고민하는 모습도 보였다. 그것은 아이들이 자랄수록 만나는 세상이 넓어지지만 자신을 살피는 시간이 부족하기 때문일 것이다. 하지만 나를 가꾸기 위한 첫걸음은 나부터 시작해야 한다. 그래서 자신이 좋아하는 것이 무엇인지 생각하고 자신을 좀 더 알 수 있도록 수업을 진행하였다.

아이들이 좋아하는 것을 쉽게 대답하지 못하는 또 하나의 이유는 질문이 두루뭉술했기 때문이다. 그래서 누구와 무엇을 하는 걸 좋아하는지, 어떤 공간을 좋아하는지, 무엇을 가지고 노는 걸 좋아하는지 자세하게 물어보았다. 그러자 아이들은 좋아하는 것을 빠르고 다양하게 찾을 수 있었다. 저학년은 '친구와 노는 것, 식구와 무엇을 하는 것'처럼 여럿이 함께 하는 것을 좋아했다. 하지만 고학년 아이들은 '혼자 쇼핑하기, 멍 때리기'와 같이 혼자 하는 것을 좋아했다. 저

학년은 관계 속에서 함께 하는 것을 좋아하고 고학년으로 올라갈수록 자신의 내면을 살필 수 있는 시간과 공간이 필요하다는 것을 알게 되었다.

좋아하는 것으로 책을 만들고, 8절 도화지에 표현하고, '좋아요 가방'을 만들기도 했다. 만든 후 친구들과 나누며 친구들이 좋아하는 것을 알게 되어 기뻐했고, 친한 친구가 좋아하는 것이 자신과 다르다는 것에 놀라기도 했다. 자신이 좋아하는 것을 알게 되어 기쁘다는 아이의 말처럼, 수업을 통해 아이들은 자신에 대해 좀 더 알게 되었다.

서로를 알아 가기 위한 첫걸음은 서로를 궁금해 하는 것이다. "무엇을 좋아하니요?"라는 물음 속에는 그 사람을 알고자 하는 마음과 그 사람이 좋아하는 것을 함께 하고 싶은 마음이 담겨 있다.

솜씨 있게, 남다르게

잘하는 것

그림책 미리 보기 1

나는 다른 동물이면 좋겠다

베르너 홀츠바르트 글 · 슈테파니 예쉬케 그림 | 박여명 옮김 | 아름다운사람들

《누가 내 머리에 똥 쌌어?》의 작가 베르너 홀츠바르트 특유의 재치와 간결함이 돋보이는 작품이다. 표지의 미어캣 한 마리가 어딘가를 바라보며 '나는 다른 동물이면 좋겠다'고 생각하는 듯하다. 책을 읽기 전에 미어캣은 어떤 동물이 되고 싶어 하는지, 왜 그 동물이 되고 싶어 할지 아이들과 이야기 나누어 볼 수 있다.

앞발을 들고 목을 쭉 뺀 채 두리번거리는 미어캣의 큰 눈에 포착된 동물들은 저마다 재주가 있다. 덩치가 큰 곰은 힘이 세고, 나무 타는 재주가 탁월한 침팬지는 보고만 있어도 재미있다. 특히 동물들을 벌벌 떨게 만드는 날카롭고 무서운 이빨을 가진 사자는 미어캣이 가장 되고 싶은 동물이다.

그렇게 다른 동물을 부러워하던 미어캣은 정체 모를 검은 그림자를 보게 되고 재빨리 휘파람을 불어 주변 친구들에게 위험을 알린다. 그 모습을 본 사자와 곰, 침팬지는 오히려 미어캣처럼 망을 잘 보고 재빠르면 얼마나 좋을까 생각한다. 동물들은 알고 있을까? 서로가 서로를 부러워하고 있는 것을.

이 그림책은 정작 내가 잘하는 것이나 장점은 발견하지 못한 채 다른 사람을 부러워하기만 하는 아이들에게 자신의 모습을 좀 더 촘촘히 들여다보라고 말한다.

모두 다 부러워할 점이 있다는 걸 알았다. 나도 친구들을 부러워하지만 친구들도 나를 부러워할 수 있다는 것을 알았다. 나도 이제 나 자신이 자랑스럽다.

나도 다른 사람이면 좋겠다고 생각한 적이 있지만, 나에게도 어떤 능력이 있으니 너무 부러워하지 말고 내 능력을 한번 찾아봐야겠다. 그리고 미어캣이 참 재빠른 것 같다.

다른 동물의 부러운 점을 가지고 싶어 하는 것이 정말 나와 많이 비슷한 것 같다. 하지만 정작 자신도 부러움을 받고 있었다는 게 웃기고 공감되기도 한다. 우리 모두 서로를 부러워하니 만족하며 살면 좋을 것 같다. 나는 앞으로 내 인생에 만족하며 살아야겠다.

난 내가 부러워하는 사람들도 나를 부러워할 수 있다는 걸 알았다. 난 요리를 좋아하는데, 요리를 잘하는 엄마가 부러운 것처럼 엄마도 나의 한 부분을 좋아할 수도 있다는 걸 알게 되었다. 난 이런 생각은 안 했다. 근데 책을 읽고 알게 되었다.

난난난

영민 글·그림 | 국민서관

《난 네가 부러워》의 작가 영민의 작품이다. 짧고 강렬한 제목과 두 팔을 치켜든 모습의 주인공이 잘 어울린다. 반짝이는 표지에 망토를 입고 슈퍼맨 포즈를 흉내 낸 아이의 당당한 모습. 그런데 앞면지를 펼치면 장난감을 늘어놓은 아이를 향해 "왜 이것도 못해!"라며 꾸짖는 엄마가 보인다. 엄마의 꾸중에 기가 죽은 주인공의 모습은 표지와는 사뭇 다르다. 이 모습이 뒷면지에서 어떻게 바뀌는지 아이들과 짐작해 보는 재미가 있다.

이야기는 앞면지에서 기가 죽었던 주인공의 반전으로 시작한다. 엄마의 꾸중은 아랑곳하지 않고 오히려 엄마의 말에 반박이라도 하듯 "하지만 난난난! 잘하는 것도 많아요."라며 자신이 잘하는 것을 소리 높여 외치는 주인공. 분명 엄마에게 혼이 났을 텐데도 침대 위에서 폴짝폴짝 잘 뛰어논다.

어른들의 생각에 반기를 들고 절대 속상해 하거나 기죽지 않는 주인공의 모습에서 아이들은 통쾌함을 느낄 것이다. 어른의 눈으로 보면 꾀를 부리고 변명하는 듯 보이지만, 자신의 당당함을 잃지 않고 "나는 잘해!"라고 말하는 아이들. 어쩌면 아이들에게 '잘하는 것'이란 그리 거창한 것이 아니라 자라면서 저절로 하게 되는 작고 사소한 일이 아닐까?

우리 엄마도 매일 "왜 이것도 못해!"라고만 하는데, 나도 잘하는 거 많다. 엄마는 꼭 비교만 한다. 나도 그림 잘 그리고, 유머도 있고, 끈기도 조금은 있다. 그리고 정리도 잘한다.

어른들도 못하는 것이 많은데 우리한테는 잘하는 것을 칭찬도 잘 안 해 주고 조금만 못해도 야단을 치고 다시 하라고 한다. 예전에는 어른들이 그런 말을 하면 그냥 주눅 들어 있었는데 이제부터는 반격을 시도해서 어른들에게 대들어 봐야겠다. 하지만 혼나지는 않게 해야겠다.

이 책의 '나'는 잘하는 게 많다고 했다. 나는 내가 무엇을 잘하는지 잘 모르겠다. 자신감이 없나 보다. 사소한 것도 내가 잘한다고 생각한다면 잘하게 되는 것 같다. 그러면 나도 이 주인공처럼 잘하는 게 많을 것이다.

나는 잘한다는 건 정말 유별나야 한다고 생각했는데, 사소하지만 내가 잘하는 게 많다는 걸 알았다. 다 처음부터 잘하는 것은 아니니 어른들은 잔소리 대신 격려를 해 줬으면 좋겠다.

이 책에 나오는 남자아이는 매일 엄마한테 꾸중을 들어도 긍정적으로 생각하는 모습이 기특하고 부럽다. 앞면지에 나오는 그림을 보고 아이가 자신감을 잃을까 봐 걱정이 됐는데, 긍정적인 아이를 보면서 나까지 긍정적으로 변하는 것 같다. 나도 잘하는 것이 하나 더 생각났다.

그림책 활동지

1 다른 사람이 잘하는 것을 부러워한 이야기를 써 보세요.

2-1 그림책 《나는 다른 동물이면 좋겠다》를 감상해 보세요.

2-2 그림책 주인공들처럼, 내가 잘한다고 사람들이 부러워한 것을 써 보세요.

3-1 그림책 《난난난》을 감상해 보세요.

3-2 그림책 주인공처럼, 내가 잘한다고 생각하는 것을 써 보세요.

3-3 '내가 잘하는 것'을 소개하는 8쪽짜리 책을 만들어 보세요.

   1쪽: 표지 / 2~7쪽: 잘하는 것들, 잘하게 되기까지의 과정 등 소개 / 8쪽: 내가
   쓴 것 빼고 친구들이 잘한다고 써 줄 공간

4-1 책을 돌려 읽으며, 친구가 책에 쓴 것 빼고 잘한다고 생각하는 것을 쓰세요.

4-2 무언가를 잘하기 위해서는 무엇이 필요할까요?

5 활동을 통해 배우고 느끼고 깨달은 점을 써 보세요.

아이들 활동 엿보기

■ **다른 사람이 잘하는 것을 부러워한 이야기를 써 보세요.**

- 밥 빨리 먹는 상훈이가 부러워.

- 착한 마음을 갖고 있는 예린이가 부럽다.

- 영어와 중국어를 잘하는 유비가 부럽다.

- 안 챙겨 주는 척 챙겨 주는 사촌 오빠가 부럽다.

- 마음이 강해서 잘 울지 않는 동생이 부럽다.

- 난 영상만 보고 춤을 잘 못 외우는데 민솔이는 잘 외워서 부럽다.

- 수학 잘하는 진서가 부럽다.

- 사촌 언니가 팝송을 너무 잘해서 부럽다.

- 옷을 멋지게 입는 사촌 언니가 부럽다.

- 매운 걸 잘 먹는 경환이가 부럽다.

- 잘 챙기는 동생이 부럽다.

- 체력이 잘 안 빠지는 정준이가 부럽다.

- 난 축구하다가 상대를 만나면 잘 못 제치는데, 드리블을 잘하는 재민이가
  부럽다.

- 책 내용을 빨리 파악하는 엄마가 부럽다.

■ **내가 잘한다고 사람들이 부러워한 것을 써 보세요.**

- 나는 그냥 낙서를 했는데 엄마가 잘 그렸다고 했다.

- 이웃들이 "인사를 참 잘하는구나" 이랬다.

- 4학년 때 친구들이 글쓰기를 잘한다고 했다.

- 다른 반에도 친구가 많고 잘 지낸다고 현정이와 희수가 그랬다.
- 동생을 잘 돌본다고 이웃들이 말했다.
- 동생 머리를 땋아 줬는데 아는 이모가 잘한다고 부러워해 주셨다.
- 외가 가족들이 춤을 잘 춘다고 하였다.
- 이모들이 나보고 한 번 배운 거 잘 이해한다고 했다.
- 추석 때 전을 부치는데 밀가루 잘 묻힌다고 할머니께서 칭찬해 주셨다.
- 컴퓨터실에서 타자를 치는데 빨리 친다고 부러워했다.
- 그냥 내가 달리는 대로 달렸는데 남자애들이 달리기가 빠르다고 했다.
- 1학년 때 시간을 배웠는데 아빠가 시간을 잘 본다고 했다.
- 승민이가 구름사다리를 잘 탄다고 했다.

■ 내가 잘한다고 생각하는 것을 써 보세요.

잘 웃는다 / 심부름을 잘한다 / 일찍 자고 일찍 일어난다 / 라면을 잘 끓이다 / 나노블럭을 잘한다 / 집에 있는 음식을 잘 찾아 먹는다 / 넘어져도 울지 않는다 / 엄마 마중도 나가고 힘들었는지 물어본다 / 혼자 옷 잘 입고 집에 혼자서 잘 있는다 / 노래 부르며 막춤을 잘 춘다 / 엉킨 줄을 잘 푼다 / 고데기로 웨이브 넣기 / 책상 정리 / 다른 사람 기분을 밝게 해 주기 / 분리수거나 음식물 쓰레기 버리기 / 시비 거는 동생에게 대처하기 / 목소리 깔기 / 신 거 먹기 / 조립하기 / 밥 먹으면서 TV 보지 않기 / 자전거를 타면서 내리막길에서 브레이크 잡으면서 가기 / 돈을 헛되이 쓰지 않기 / 캐릭터 만들기 / 책상에 낙서하기 / 까탈스러운 동생 돌보기 / 뭔가에 빠져서 오래 하기 / 빨래 개기 / 큰 소리로 얘기하기 / 음식 가리지 않고 먹기 / 머리카락 땋기 / 옷을 어울리게 입기 / 뒷정리 / 수학 문제 풀기 / 다이어리 꾸미기 / 친구들에게 물건 잘 빌려주기 / 엄마가 "그거 있잖아. 그거!" 해도 알아듣기 / 하기 싫어도 참고 하는 것

■ '내가 잘하는 것'을 소개하는 8쪽짜리 책을 만들어 보세요.

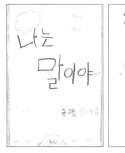 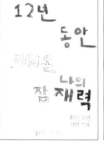  

아이들이 만든 표지

잘하는 것을 소개하는 본문 내용

뒤표지 – 친구들이 써 준 '내가 잘하는 것'

■ **무언가를 잘하기 위해서는 무엇이 필요할까요?**

· 관심을 갖고 조사하고 관찰한다.

· 계속 반복해서 해야 된다.

· 어떻게 하면 잘할 수 있는지 방법을 물어보고 따라 해 본다.

· 힘들어도 참는 인내심이 필요하다.

· 자신감을 가지고 할 수 있을 거라고 생각한다.

· 그것을 잘하는 사람을 따라 하고 도움을 받는다.

■ **활동을 통해 배우고 느끼고 깨달은 점을 써 보세요.**

· 나는 지금까지 내가 잘하는 것도 잘 모르고 잘하는 게 많다고도 생각을 해 본 적이 없었다. 그런데 이 활동을 통해서 내가 뭘 잘하는지도 생각해 보고 친구들이 내가 잘하는 걸 이야기해 주어서 내가 지금까지는 몰랐던 나의 장점을 알게 되어 정말 좋았다. 앞으로도 내 장점을 늘려 가야겠다. 그리고 남의 장점을 내 장점으로 만들어야겠다.

· 나는 잘하는 게 없다고 생각했다. '우는 것', '때리는 것'처럼 별로인 것들만 잘했었다. 하지만 나도 좋은 쪽으로 잘하는 게 있었다! 그리고 내가 잘하는 별로인 것들을 부러워하는 사람도 있었다. 또 내가 책을 만들었을 때 뒷면에 친구들이 잘한다고 써 준 게 정말 많았다. 잘하는 게 있어서 좋다. 난 잘하는 걸 늘리고 싶다.

· 내가 잘하는 걸 다시 생각하고 느낄 수 있는 매우 인상 깊은 활동이었다. 나의 낮아진 자존감을 높여 주어 자신감이 생겼고, 친구들이 내가 잘하는 것을 알려 주어 매우 기분이 좋았다. 내가 내 입으로 잘하는 것을 이야기하니까 기분이 조금 이상했는데, 친구들이 내가 잘하는 것을 알려 주니까 무언가 뿌듯한 느낌이 들었다. 앞으로 더 잘해야겠다는 생각도 들었다.

그림책 미리 보기 2

나도 최고가 되고 싶어요
앨리슨 워치 글·패트리스 바톤 그림 | 천미나 옮김 | 책과콩나무

아이들은 남들보다 뛰어나고 싶고 또 주목받고 싶어 한다. 그런데 최고가 되고 싶은 마음이 앞서 정당하지 못한 방법을 사용하게 된다면 어떨까?

뭐든지 최고인 바이올렛은 성격만큼이나 외모도 귀엽고 예쁘다. 누구보다 빠르고, 높은 목소리로 노래하는 멋쟁이 바이올렛을 반 아이들 모두 최고라 부른다. 반대로 로지는 빠르지도, 목소리가 크지도 않은데다 멋쟁이도 아니다. 바이올렛에게 질투가 난 로지는 교실에서 키우는 바이올렛의 화분에 난 싹을 흙으로 덮어 버린다. 통쾌함도 잠시뿐, 수두에 걸려 학교에 나오지 못하는 바이올렛을 생각하자 미안한 마음이 들어 바이올렛의 화분에 정성껏 물을 주며 키운다. 결국 바이올렛과 로지의 완두콩이 가장 크게 자라나고 학교로 돌아온 바이올렛은 고마움을 전한다. 친구들 앞에서 자기 완두콩이 가장 반짝인다며 큰 목소리 말하는 바이올렛을 보며 빙그레 웃을 수 있게 된 로지는, 비로소 "네가 정말 최고 원예사"라는 말을 듣는다.

실제 교실에도 있을 것 같은 로지와 바이올렛을 보며, '최고'가 되는 것의 진정한 의미에 대해 이야기 나누면 좋겠다.

생색 안 내고 묵묵히 바이올렛을 도와주는 모습이 이쁘기도 했지만 안타깝기도 했다. 가끔은 자기가 무언가를 더 잘했다고 해도 될 것 같은데 말이다.

자신의 일을 반성할 줄 알고 실천하는 로지가 너무 예쁘다. 그리고 최고가 되기 위해서는 경쟁심도 필요한 것 같다. 경쟁심이 나쁜 것만은 아닌 것 같다.

제목을 보니 로지는 마음속으로 자기가 최고가 되고 싶은 듯했다. 말하지 않아도 자기가 한 번쯤은 최고가 되고 싶은 듯했다. 식물을 키울 때 바이올렛의 식물에 물을 주지 않았으면 자신이 1등을 했을 텐데……. 책을 보다 보니 꼭 지금의 사회를 보는 듯했다. 자기 자랑만 하고, 성격이 안 좋아도 최고면 뽑고, 노력하는 사람은 뽑지 않는…….

나 같아도 바이올렛이 그다지 좋지 않았을 것이다. 그런데도 잠깐 나쁜 마음을 가졌다가 정성껏 바이올렛의 완두콩을 키워 준 로지가 멋져 보였다.

로지가 너무 자랑스러웠다. 바이올렛은 계속 자랑만 했지만 로지는 바이올렛의 완두콩을 키워 주었다. 바이올렛이 로지에게 잘해 줘야겠다. 근데 바이올렛은 마지막까지 "내 완두콩이 제일 반짝여."라고 말해서 좀 실망했다.

그림책 활동지 서로를 위해 최선을 다하는 우리

1 그림책 《나도 최고가 되고 싶어요》를 감상해 보세요.

2-1 내가 앞으로 더 잘하고 싶은 것을 모두 써 보세요.

2-2 내가 잘하고 싶은 것 중에서 나에게도 좋고 주변 사람들에게도 좋은 것 세 가
    지를 적고, 그 이유를 써 보세요.

어떤 것	이유

3-1 2-2에서 쓴 것 가운데 한 가지를 골라 일주일 동안 해낼 실천 계획을 세워 보세요. (내가 이걸 잘하면 누가 좋아할지, 왜 이걸 실천하고 싶은지를 생각해 보세요. 그리고 날마다 실천할 수 있는 일을 고르세요.)

월	
화	
수	
목	
금	

3-2 내가 고른 일을 일주일 동안 꾸준히 실천해 보세요.

4 잘하고 싶은 일을 꾸준히 실천한 후 변화된 나의 모습을 쓰세요.

5 주변 사람들에게는 어떤 변화가 생겼나요? 무엇이 달라졌나요?

6 활동을 통해 배우고 느끼고 깨달은 점을 써 보세요.

아이들 활동 엿보기

■ **내가 앞으로 더 잘하고 싶은 것을 써 보세요.**

숙제 늦추지 않기 / 다짐하면 끝까지 하기 / 쓸데없는 곳에 돈 쓰지 않기 / 한 자리에 앉아서 진득하게 공부하기 / 공부할 때 핸드폰 안 하고 집중하기 / 아침에 일찍 학교에 오기 / 생각 있게 행동하기 / 텃밭에 물 줄 때 다른 친구들 것도 같이 주기 / 지우개 가루 잘 모아 버리기 / 남이 나보다 더 잘한다고 질투하는 마음 없애기 / 무섭거나 두려운 감정을 극복하기 / 밥 먹고 밥그릇 싱크대에 갖다 놓기

■ **내가 잘하고 싶은 것 중에서 나에게도 좋고 주변 사람들에게도 좋은 것을 적고, 그 이유를 써 보세요.**

- **편식하지 않고 잘 먹기**: 부모님이 좋아하실 것 같고 내 건강에도 도움이 될 것 같다.
- **말을 예쁘게 하고 인상 쓰지 않기**: 다른 사람의 기분을 밝게 해 줄 수 있을 것 같다.
- **아침에 친구들 만나면 인사하기**: 친구들에게 인사하면 친구 기분도 좋아지고 내 기분도 좋다.
- **7시에 알람 맞춰 혼자 일어나기**: 엄마도 나도 기분 좋은 하루가 될 것 같다.
- **아침에 일찍 오기**: 버스가 늦게 와서 50분 넘어서 도착하면 애들이 책 읽을 때 방해가 되기 때문에
- **집에서 정리 정돈 잘하기**: 엄마가 계속 청소하라고 화내서, 정리 정돈을 잘하면 나도 엄마도 기분이 좋을 것 같다.

- **엄마가 말하면 대답하기**: 엄마가 하는 말에 대답을 안 할 때가 있는데 내가 엄마 말에 대답을 잘하면 사이가 좋아질 것 같다.
- **글씨 잘 쓰기**: 글씨를 잘 쓰면 선생님과 친구들이 보기 편하다.
- **남의 말에 집중하기**: 남의 말에 더 잘 귀 기울일 수 있으니까.

■ **한 가지를 골라 일주일 동안 해낼 실천 계획을 세워 보세요.**

매일 방 청소하기

월: 일단 책상 정리를 했다. 책상을 닦고 컴퓨터도 닦았다. 내일은 책 정리를 해야겠다.

화: 책 정리를 했다. 공책은 공책대로, 책도 종류별로 나눠서 정리했다. 책이 너무 많아서 힘들었다.

수: 책상에 먼지가 쌓여서 걸레로 책상을 닦고 침대 정리도 했다. 먼지가 많아서 창문을 계속 열어 뒀다.

목: 침대 정리를 했다. 깔개와 이불을 하나하나 터는 데 시간이 많이 걸렸다. 다 정리하니 뿌듯했다.

금: 내 방은 그나마 깨끗해져서 거실 청소를 했다. 엄마 화장대 청소를 했는데 먼지가 정말 많았다. 청소를 하니 엄청 뿌듯했다.

역사책 읽기

월: 책에 어려운 말이 너무 많았다. 신석기 시대에 관련된 책을 읽었는데 어려운 말이 많았다.

화: 예전에 5학년 때 역사 내용을 정리해 두었던 스케치북을 보면서 책을 읽었다. 중요한 것을 여러 번 읽고 자료를 찾아보면서 읽으니까 이해가 되

었다.

수: 책을 읽고 그냥 자면 내용을 까먹을 것 같아서 중요한 내용은 노란색 포
스트잇에 적어 놓았다.

목: 어제 시간이 애매해서 틈틈이 남는 시간에 책을 읽었다. 점점 이해가 되
는 부분이 많아졌다.

금: 너무 졸려서 책을 늦게 읽었다. 그래서 서너 장밖에 못 읽었다.

■ **잘하고 싶은 일을 꾸준히 실천한 후 변화된 나의 모습을 쓰세요.**

• 아침 7시에 일어난 후 아침 시간이 많아져 여유롭게 등교를 할 수 있었고,
엄마는 나를 깨우러 오지 않아도 돼 좋다고 하셨다.

• 나를 돌아보았을 때 내가 마음만 먹으면 못할 것도 없다고 생각했다. 그래
서 내가 더 든든한 딸이 된 것 같다. 그리고 그게 습관이 되었다.

• 예전에는 수업 시간에 선생님을 잘 안 봤는데, 실천을 하면서 계속 쳐다보
게 되었다.

• 숙제를 한다고 해도 뭐 하나 어질러져 있으면 바로바로 정리하는 성격이 되
어 버렸다. 방 청소를 잘하고 싶었는데 냉장고까지 정리를 했다. 집에 들어
갈 때 방이 깨끗해서 마음까지 상쾌해졌다. 그리고 숙제할 때도 주변이 깨
끗하니 집중이 더 잘 됐다.

• 이제는 인사를 하는 게 익숙해져서 친구들에게 부끄럼 없이 다가갈 수 있게
되었다.

• 글씨를 잘 쓰려고 노력을 했더니 나도 글씨를 잘 쓸 수 있다는 자신감이 생
겼다. 그러나 일주일은 너무 짧았다.

• 그만하려고 노력하다 보니 휴대폰을 사용하는 시간이 줄어들었고, 휴대폰
을 하면서 계속 시간을 신경 쓰게 되었다.

■ **주변 사람들에게는 어떤 변화가 생겼나요? 무엇이 달라졌나요?**

- 아파트에서 인사를 한 번도 안 한 분이 있었는데, 내가 인사드리고 난 후 만나면 같이 인사를 해 주신다. 우리 아파트 청소부 할머니한테 매일 인사를 했는데 인터뷰를 해 보니까 인사를 받아서 기분이 좋다고 하셨다.

- 아침에 빨리 일어나니까 엄마가 아침에 깨우고 뭐라고 하지 않아도 돼서 좋다고 하셨다. 아빠가 나에게 하시는 잔소리가 줄어들었다.

- 내가 옷 정리를 하니까 누나가 어질러진 방에서 자지 않아도 되어 좋다고 했다.

- 친구들이 무슨 이야기를 할 때 내가 딴 짓을 하지 않아서 좋다고 했다.

- 책을 읽을 때 가끔은 엄마 옆에서 읽기도 했다. 엄마가 휴대폰만 하지 않고 책을 읽고 스스로 공부하는 모습이 좋다고 하셨다.

- 엄마가 방이 깨끗하도록 스스로 청소하는 것이 대견하다고 하셨고, 앞으로도 꾸준히 깨끗하게 유지했으면 좋겠다고 하셨다.

- 엄마하고 8시 30분까지 집에 들어오기로 약속한 것을 잘 지키고 있어서 걱정이 덜 된다고 하셨다.

■ **활동을 통해 배우고 느끼고 깨달은 점을 써 보세요.**

- 아침에 일찍 일어나서 빨리 준비하는 게 힘들었는데, 지각하지 않고 일찍 오니까 친구들과 이야기할 시간도 많아지고 책도 평소보다 많이 읽게 되니까 좋다.

- 항상 아무 생각 없이 휴대폰을 해서 내가 얼마나 휴대폰을 많이 사용하고 있는지 모르고 있었는데, 내가 휴대폰을 이렇게 많이 하고 있었다니 놀라웠다. 시간을 계속 보면서 휴대폰을 하니까 '이제 그만해야지.'라는 생각이 많이 들었고, 휴대폰 대신 다른 것을 할 수 있는 시간이 많아졌다.

- 짧지만 많은 변화가 생긴 것 같다. 내 방에 들어오면 기분이 상쾌하고 뿌듯했다. 엄마의 잔소리도 안 들으니 스트레스도 안 받고 오히려 칭찬을 받아서 기분이 좋았다. 앞으로도 계속 실천해야겠다.

- 내가 다른 사람한테 먼저 인사를 하니까 스스로도 뿌듯하고 다른 사람들이 고마워해서 좋다. 처음에는 신경 써서 했는데 나중에는 저절로 인사를 하게 되었다. 앞으로도 이렇게 꾸준히 실천해야겠다. 부모님도 흡족해 하셨다.

- 서로를 위해서 작은 것이지만 도울 수 있다는 게 감사했고 뿌듯했다. 앞으로는 큰일도 도울 수 있을 것 같은 용기가 생겼다.

함께 볼만한 그림책

토끼 씨와 거북이 양

베키 블룸 글·파베우 파블락 그림 | 김세실 옮김 | 시공주니어

'토끼와 거북이' 이야기 가운데 하나로, 달리기를 좋아하지 않지만 자신을 챔피언이라 믿는 토끼 씨와 조깅이 취미인 거북이 양의 이야기이다. 벼룩시장에서 산 메달을 주렁주렁 걸고 동네를 산책하며 뽐내는 것이 일상인 토끼 씨는 달리기 경주에서 한 번도 이긴 적이 없다. 게다가 달리기를 좋아하지도 않는다. 그러다 토끼 씨는 새로 이사 온 거북이 양을 따라 이웃들이 하나 둘 달리기 하는 모습을 보게 된다. 혼자서 열심히 달리기 연습을 한 토끼 씨는 마을에서 열린 달리기 대회에서 생애 첫 1등을 하게 된다.

잘하는 것을 겸손함으로 인정받게 된 토끼 씨와 승부를 떠나 자신이 좋아하는 일로 주변 모두를 행복하게 만든 거북이 양의 아름다운 이야기이다.

금메달은 내 거야!

토어 프리먼 글·그림 | 이재원 옮김 | 아이세움

풀꽃 마을의 운동회 날이다. 멀리뛰기와 달리기, 스케이트 타기, 누가 누가 시끄럽나 등 모든 종목에 출전한 뽀동이는 금메달을 기대했지만, 단 한 개의 금메달도 목에 걸지 못한다. 뛰어오르는 거라면 최고인 메뚜기, 시끄럽게 울어 대기로 유명한 매미를 이길 수 없는 건 어쩌면 당연한 일. 금메달을 위해 뛰고 달리고 온갖 애를 쓰느라 지친 뽀동이는 근처 나뭇가지를 마구 씹어 대며 울적해진 마음을 달랜다.

과연 뽀동이는 아무런 메달도 받지 못하게 될까? 혹시 받는다면 어떤 금메달을 받게 될까?

수업 나누기

사람은 누구나 잘하고 싶고 인정받고 싶어 한다. 그러나 정작 누군가가 "당신이 잘하는 게 무엇이냐?"라고 물었을 때 대답하기란 쉬운 일이 아니다. 아이들도 그렇다. 오히려 못하는 것이나 단점이 무엇이냐고 물어보면 짧은 시간에 많은 것을 쏟아낸다. 잘하는 것을 생각해 본 적이 없어서이고, 잘하는 것을 스스럼없이 말하면 겸손하지 못하다고 되레 핀잔을 받는 일이 많기 때문이다. 그리고 '잘하는 것'은 으레 대단하고 멋진 것, 남들과 비교했을 때 뛰어난 것이라 여겨 쉽게 꺼내 놓지 못한다.

다른 사람이 잘하는 것을 부러워했던 경험과 내가 잘한다고 남들이 부러워했던 일을 떠올리는 활동으로 수업을 시작했다. 사소한 것 하나까지도 모두 찾아내어 목록을 만들게 했다. 처음에는 '없다, 모르겠다'라고 했던 아이들이 그림책을 읽고 나서 활동지에 적기 시작했다. 또 친구들과 돌려 읽으며 '내가 모르는 내가 잘하는 것', '친구들이 생각하는 나의 부러운 것'을 적어 주라고 했더니 활동지가 빼곡해졌다. 이 활동만으로도 아이들은 뿌듯해 했다. 특히 잘하는 게 없는 줄 알았는데 자기를 부러워하는 친구가 있다는 것에 더 기뻐했다. 잘하는 것 목록에서 맘에 드는 두세 가지를 골라 뜻과 내용이 잘 드러나도록 책 만들기를 했다. 그 후에 친구들과 서로 돌려 읽으면서 칭찬과 응원의 말을 써 주며 격려의 시간도 가졌다.

잘하는 것에서 한 단계 나아가 잘하고 싶은 것을 찾아 계획을 세우고 일주일

동안 실천해 보는 활동을 했다. 실천판으로 만들어 교실 뒤에 붙여 두고 매일 했던 활동을 기록하고 점검하게 한 것이다. 날마다 계획에 따라 실천한 것을 구체적으로 적고 친구들이 응원의 말을 써 주게 했더니 조금 느슨해질 수 있었던 활동이 긴 호흡으로 끝까지 이어질 수 있었다. 또 실천한 뒤의 변화된 자신의 모습뿐만 아니라 가족과 친구, 이웃 등 주변 사람들의 반응도 살피며 내가 잘하게 되는 것만으로도 내 주변의 사람들과 세상을 긍정적으로 바꿀 수 있다는 것을 몸으로 직접 느끼기도 했다. 활동 후에 아이들이 쓴 소감에서 일주일이라는 시간이 너무 짧았다는 내용이 있었는데, 한 달 정도 꾸준히 하면 잘하는 것이 좋은 습관으로 이어지게 할 수도 있겠다는 생각이 들었다. 좋아하는 것, 잘하는 것으로 나와 주변을 더욱 행복하게 만드는 아이들이 살아갈 세상은 생각만 해도 한층 더 아름답지 않을까?

잘하는 것은 결코 위대하거나 이 세상을 구할 수 있는 것이 아니다. 스스로 작은 것부터 찾아내어 인정하게 하자. 잘하는 것의 개수를 늘려 가는 것도 좋지만, 잘하는 것을 더 잘하게 해 보자. 우리가 만나는 아이들을 북돋아 주는 일, 바로 어른의 몫이다.

순간과
생각이 모여

중요한 것

그림책 미리 보기 1

발걸음
전선영 글·그림 | 고래뱃속

이제 막 걸음걸이를 시작한 아이가 신을 것 같은 아기자기한 신발이 분홍색 제목과 잘 어울린다. 첫발을 힘차게 내딛는 아이의 이야기일까? 신발이 들려주는 이야기일까?

산부인과에서 태어난 아기의 발바닥을 출생증명서에 찍는 순간이 속표지에 담겨 있다. 아이가 세상을 향해 내딛는 첫 발걸음이다. 아이가 자라는 과정을 '응애응애, 엉금엉금, 아장아장, 알록달록, 쑥쑥, 안절부절' 같은 흉내 내는 말과 발 모양으로 보여 준다.

그림은 아이의 머리끝부터 발끝까지 모두 보여 주지 않고, 발과 다리를 중심으로 이야기를 펼쳐 나간다. 그런데도 글과 함께 더 깊은 이야기를 만들어 낸다. 글은 부드럽고 따뜻한 엄마의 목소리이다. 아이가 커 가면서 만나게 되는 수많은 시행착오와 두려움에 대해 아이 옆에서 속삭이듯 이야기를 들려준다. 천천히 기다려 주고 믿어 주는 엄마의 마음이 고스란히 들어 있어 읽는 내내 기분이 좋아진다.

부모에게는 아이들의 한 걸음 한 걸음이 모두 소중하다. 아이들도 역시 그렇다. 자신이 걸어온 길과 주변 사람들과 함께했던 소중한 순간을 되짚어 보며 이야기꽃을 피워 보면 좋겠다.

나의 어릴 적 첫 신발은 아직 있다. 그림책을 보니 나의 어릴 적이 생각난다. 물론 다 기억하는 건 아니지만 기억하는 것이 있다. 아기 수첩 같은 것도 있었고, 어린이집 때는 캐릭터 체인지 옷 입히기 책을 받았던 게 생각난다. 그리고 1학년 때는 입학식 때 얼음처럼 서 있었던 것도 기억난다. 추억을 떠올리니 재미있다.

솔직히 여덟 살에 끝나서 많이 아쉽긴 하다. 사춘기, 그러니까 중학교 시절도 보여 주지. 고등학생, 대학생 되고 회사원이 되는 그런 나이까지 그려 줬으면 하는 생각이 든다. 그리고 무엇보다 얼굴을 좀……. 그림체기 예뻐서 활짝 웃는 아이 얼굴 어떻게 그릴까 했는데! 재밌지만, 궁금증이 계속 생기는 그림책이었다.

우리가 한 걸음 한 걸음 지나갔던 모든 순간이 뜻깊고 중요하다는 걸 새삼 느꼈다. 작은 발걸음이든 큰 발걸음이든 모든 순간이 누구에겐 잊지 못할 일인 것 같다.

처음 유치원에 갈 때 너무 울어서 다음 날부터는 할아버지가 동네 한 바퀴 돌고 데려다주셨다. 이 책을 보면서 내가 어렸을 때 어땠는지 기억하게 되었고, 내가 지금까지 크는 동안 얼마나 많은 사람이 도와주고 지켜봐 주었는지 생각하게 되었다.

나는 자라요

김희경 글·염혜원 그림 | 창비

《마음의 집》으로 '볼로냐 국제아동도서전'에서 라가치상을 받은 김희경 작가가 글을 쓰고, 《어젯밤 뭐 했니?》로 라가치상을 받은 염혜원 작가가 그림을 그렸다.

첫 장면에 "나는 작아요. 엄마 품에 폭 안길 만큼 아주 작아요."라는 글과 함께 새싹이 담긴 화분이 있다. "그렇지만 나는 자라요. 하루하루 아주 조금씩 조금씩." 하며 아이가 이야기를 들려주는 동안 화분 속 식물도 무럭무럭 자란다.

아이는 자기가 어떤 것을 할 때, 또 어떤 순간에 자라는지 말한다. 그럴 때마다 책을 읽는 아이들도 생각에 빠지게 된다. '나는 어떤 걸 할 때 내가 컸다고 생각했지?'라고. 그리고 그림책 주인공처럼 말하게 될 것이다. 그 모든 순간이 모여서 자란 것이라고.

중요한 순간이란 의미 있는 시간이다. 그 순간은 남들이 보기에는 사소해 보일 수도 있지만, 내가 상처 받은 순간(몸이든 마음이든)이기도 하고 작은 무언가를 이루어 낸 순간이기도 하다. 기쁘고 즐겁고 심심하고 괴로운 모든 순간에 몸과 마음이 자란다. 그리고 그 모든 순간에 함께 있었던 많은 사람, 많은 것에 고마움을 느끼게 된다. 그러면서 아이들은 또 자랄 것이다.

어떤 순간에도 지금의 나는 자라고 있는 것 같다. 태어났을 때 작고 아무것도 몰랐을 텐데 지금은 벌써 키도 크고 좋은 생각도 많이 할 수 있게 되었다. 지금까지 자랐고, 나는 더 자랄 것이다. 나도 어릴 적을 떠올릴 수 있을 만큼 크겠지?

내가 작았을 때, 곰돌이 인형에게 귤을 먹여 주었을 때가 생각이 났다. 12년이라는 시간이 너무 금방 간 것 같기도 하다. 사람은 다 자랄 수 있다. "내가 아직 어려서."라는 핑계는 이제 하지 않아야겠다. 난 이제 열두 살이기 때문이다.

그 모든 순간, 슬픈 상황이든 좋은 상황이든 나는 조금씩 자라는 것 같다. 키보다 중요한 건 생각과 마음인 것 같다. 나도 이제 엄마를 안아 준다. 내가 엄마보다 살짝 더 크다.

내가 자랄 수 있는 방법은 많은 것 같다. 처음으로 도전하는 것, 엄마에게 혼나는 것, 혼자서 무언가를 해내는 것……. 이런 것들이 나를 자라게 한다. 나도, 우리 반 친구들도 많이 자란 것 같다.

우리는 늘 자란다. 잘 때, 놀 때, 무엇이든 할 때 말이다. 키나 무게가 아니라 마음이 자라난다는 것 같다. 은근슬쩍 배려도 하고 존중도 해 주면 마음이 자라나는 것 같다. 나는 마음이 자라나고 있겠지? 꼭 그랬으면 좋겠다. 5학년이니까.

진정한 일곱 살

허은미 글·오정택 그림 | 양철북

《우리 몸의 구멍》을 쓴 허은미 작가가 늦둥이 딸을 키우면서 나눈 일상을 바탕으로 쓴 작품이다. 제목을 보고 '진정한'의 뜻과 그림책을 보는 아이들의 나이에 맞는 진정함이 무엇인지 이야기 나누어 보면 좋다. 아이들이 이야기한 것을 따로 적어 두고 그림책을 보면서 견주어 보면 재미있다.

첫 문장 "진정한 일곱 살은요, 앞니가 하나쯤 빠져야 해요."를 본 아이들은 모두 웃으며 자신이 진정한 일곱 살은 넘었다고 안심한다. 하지만 "진정한 일곱 살은요, 음식을 가리지 않고 골고루 먹어요."에서부터 살짝 고개를 저으며 약간은 슬퍼하는 아이들이 하나 둘 보이기 시작한다. 주인공이 이야기를 하나씩 풀어 놓을 때마다 아이들의 표정이 어떻게 달라지는지 살펴보는 재미도 쏠쏠하다. 이런 재미는 뒷면지에서 절정을 이룬다. 뒷면지에는 실제 일곱 살 어린이들이 직접 말한 '진정한 일곱 살은요'가 적혀 있다. "오줌 싼 친구를 알아도 다른 아이에게 말하지 않아요." 같은 글을 읽으며 아이들은 어떤 표정을 짓게 될까?

그런데 책에 나오는 것들을 못하면 진정하지 못한 것일까? 책에 나온 것들이 없으면 참되지 못하고 올바르지 못한 것일까? "나는 일곱 살도 못 되나봐."라며 고개를 숙이는 아이들에게 건네는 작가의 위로는 재치 있으면서도 참 따뜻하다.

진정한 일곱 살이라……. 난 아직도 일곱 살이 안 된 건가? 지금도 진정한 일곱 살에 해당하지 않는 게 있다. 그리고 진정한 열두 살이란 무엇일까?

진정한 일곱 살이 마지막에 "진정한 일곱 살이 안 되면 진정한 여덟 살이 되면 되고."라고 한 말이 인상 깊었다. 산타 할아버지가 선물을 줄 때 실수할 수 있다는 걸 이해한다는데, 표정은 전혀 그렇지 않은 게 웃겼다.

문득 나에게 '나는 진정한 열세 살일까?' 하고 질문하게 된다. 진정한 일곱 살이 아니어도 돼. 있는 그대로가 가장 아름다우니까.

진정한 일곱 살 때도 할 수 있는 일들이 많은데 열두 살은 얼마나 많을지 걱정된다. 이 책에 나온 것처럼 난 일곱 살 때 하지 못했는데 그럼 8, 9, 10, 11살 때도 못한 일들이 얼마나 많았을까? 근데 내 생각에는 꼭 많은 걸 해야지 진정한 내가 될 수 있는 건 아닌 것 같다. 그 일들을 잘하고 계속할 수 있어야겠다.

그림책 활동지 내가 걸어온, 걷고 있는, 걸어갈 길

1-1 그림책 《발걸음》을 감상해 보세요.

1-2 그림책 《나는 자라요》를 감상하고 나를 자라게 한 일, 나를 키운 일을 떠올려
보세요.

2-1 지금까지 나에게 있었던 일 가운데 중요한 사건을 열 가지만 뽑아 보세요.

2-2 앞으로 어떤 일이 생기면 좋을지 그려 보세요.

① 13세:

② 14~19세:

③ 20대:

④ 30대:

3-1 2-1과 2-2의 내용을 담아 나만의 벽시계를 만들어 보세요.

3-2 친구들이 만든 벽시계를 보고 새롭게 알게 된 사실이나 배운 점을 써 보세요.

4-1 '진정하다'의 뜻을 사전에서 찾아 써 보세요.

4-2 그림책 《진정한 일곱 살》을 감상해 보세요.

4-3 '진정한 열세 살'은 어떤 모습일까요?

할 수 있는 것	①	
	②	
	③	
가지고 있는 것	①	
	②	
	③	
아는 것	①	
	②	
	③	

4-4 '진정한 사람'은 어떤 사람일까요?

4-5 4-3과 4-4의 내용을 담아 8쪽짜리 책을 만들어 보세요.

5 활동을 통해 배우고 느끼고 깨달은 점을 써 보세요.

아이들 활동 엿보기

- **지금까지 나를 키운 중요한 일들을 써 보세요.**

  - 동생이 태어나서 할아버지랑 보러 갔는데 확 질투심이 났다. – 3세

  - 처음으로 엄마 도움 없이 오줌을 싸고, 엄마한테 자랑했다. – 4세

  - 어른들이 쓰는 젓가락으로 젓가락질을 할 수 있게 되었다. – 5세

  - 집에서 침대에 누워 의자 가지고 장난치다 부딪쳐서 이마가 찢어졌다.

    – 6~7세

  - 보조 바퀴 없이 자전거를 탔다. – 7세

  - 우리 집 강아지가 죽었다. 이별에 대해 생각해 보게 되었다. – 8세

  - 처음으로 신발 끈을 묶어 보았다. – 9세

  - 처음으로 줄넘기 2단 뛰기를 성공했다. – 9세

  - 구구단을 다 외웠다. – 10세

  - 별로 좋아하지 않는 남자애에게 고백을 받았다. – 10세

  - 엄마와 단둘이 짜장면 집에서 데이트를 했다. – 11세

  - 할머니가 뇌출혈로 돌아가셨다. – 12세

  - 독감에 걸려서 학교에 며칠 동안 나가지 못했다. 일상의 소중함을 뼈저리게
    느꼈다. – 12세

  - 버스나 지하철을 타고 앉아서 갈 때 어르신들을 보면 자리를 양보해 드리기
    시작했다. – 12세

  - 검정 띠를 땄다. – 13세

  - 드디어 철봉에 올라가서 돌 수 있게 되었다. – 13세

■ 앞으로 나에게 생기면 좋을 일을 이야기해 보세요.

13세

나의 꿈을 찾고 싶다 / 소설 완성하기 / 가족이랑 여행 가기 / 키 크기 / 아무 생각 없이 놀기 / 시험 잘 보기 / 염색하기 / 실컷 뛰어놀기

14~19세

친구들끼리만 어디로 놀러 가고 싶다 / 공부 잘해서 엄마 아빠 웃게 만들고 싶다 / 시험을 잘 보고 싶다 / 내 꿈을 찾고 싶다 / 일본어나 중국어를 배우고 싶다 / 유명한 사람을 만나고 싶다 / 수학여행을 가고 싶다 / 외국을 한번 가 보고 싶다 / 축구 선수 생활을 하고 싶다

20대

편의점 알바를 해서 부모님께 밥을 사 드리고 싶다 / 연애하기 / 하고 싶은 직업을 찾고 싶다 / 서울에 있는 대학에 가기 / 가족, 친구랑 치맥을 먹고 싶다 / 옛날 친구들을 만나고 싶다 / 유명한 요리사 되기 / 운전면허를 따고 자유를 느끼고 싶다 / 하중초등학교에 다시 와서 추억을 떠올려 보고 싶다

30대

돈 많이 벌어서 엄마 아빠께 용돈 많이 주고 싶다 / 가족과 여행 / 우주 여행 / 집을 꾸미고 엄마 아빠와 살기 / 나만의 공간에서 쉬기 / 친구들과 술 마시기 / 1남 1녀의 자녀를 갖기 / 가고 싶은 나라 다 여행하기 / 책 한 권 쓰기 / 내가 학생으로 다니던 학교의 선생님이 되고 싶다 / 카페를 차리고 싶다 / 우리 반 친구들과 동창회를 하고 싶다

■ 과거와 미래의 일들을 담아 벽시계를 만들어 보세요.

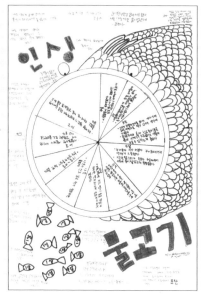

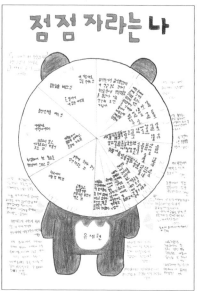

나만의 벽시계

벽시계를 보고 이야기 나누기

■ **친구들이 만든 벽시계를 보고 새롭게 알게 된 사실이나 배운 점을 써 보세요.**

• 1, 2교시에 나의 과거, 현재, 미래를 생각해 보고 미래에는 무엇을 할 건지 이야기해 보았다. 과거 생각을 하니까 옛날 생각도 나고 미래를 생각할 땐 '진짜 이러면 행복하겠다'는 생각이 들었다. 원래는 기억이 안 나던 게 집중해서 생각하니까 기억이 났고 행복했던 순간들이 떠올라서 좋았다. 30대까지 생각해 보고 뭘 하고 싶은지도 적어 봤는데, 처음엔 너무 먼 일을 일찍 생각하는 것 아닌가 했는데, 이 활동을 하고 나니 미리 생각해 놓고 노력하는 것도 좋은 것 같다. 나의 미래를 생각해 놓고 그걸 위해 노력하면 그 동안 내가 더 많이 자랄 수 있고, 이뤄지고 난 다음엔 더 행복할 거라고 생각했다. 언젠가 다가올 미래를 생각해 보고 현재의 나도 생각해 보면서 생활해야겠다. 그리고 지금이 과거가 됐을 때를 생각하며 열심히 살고 추억도 많이 쌓아야겠다.

• 오늘 1, 2교시에 시급끼지 13년을 살면서 중요했던 일들을 적어 보는 활동을 했다. 속상한 일, 기쁜 일, 아쉬운 일도 다 생각해 보았다. 처음에는 생각이 잘 나지 않았는데 선생님과 친구들의 이야기를 들으면서 나도 하나하나 생각나기 시작했다. 이야기를 들으며 내가 했던 비슷한 경험도 생각나고 그때의 느낌도 조금씩 다시 느껴지는 것 같았다. 꼭 중요한 일들이 아니더라도 내 기억에 남아 있는 모든 일은 나에게 어떤 의미가 담겨져 있다고 생각했다. 집에 어릴 때 쓰던 일기장들이 있는데 가끔씩 꺼내 보면 느낌이 새롭다. 이번 활동을 통해 지난 일들을 기억해 보고 그 일들 속에서 의미를 찾아가는 것이 재미있고 좋았다.

• 이 활동을 하며 기억해 보지 않았던 옛날 일을 생각해 볼 수 있었고, 앞으로 내가 무엇을 할지, 나의 꿈에 대해서도 생각해 볼 수 있었다. 친구들의 벽시계를 읽으면서 소소한 일들도 중요한 사건이 될 수 있다는 것을 배웠

다. 나의 과거, 미래에 대해 생각해 볼 수 있는 시간이 되어 좋았다. 앞으로
도 가끔씩 생각하는 시간을 가지면 좋을 것 같다. 이틀이라 짧은 시간이지
만 여러 생각을 할 수 있어 좋았다.

• 나에게 중요한 사건을 찾으라고 했을 때 좀 힘들었다. 나에 대해 잘 몰랐
던 것 같다. 내 미래를 정하니 내 앞길이 잘 풀릴 것 같다. 그리고 친구들이
나의 중요한 사건을 보고 나의 미래도 응원해 주고 알게 된 점을 써 주니까
내 인생이 더욱 보람 찰 것 같다.

■ 진정한 열세 살은 어떤 모습일까요?

할 수 있는 것

두꺼운 책을 읽을 줄 알아야 해요 / 수업 시간에 집중할 수 있어요 / 무
서운 놀이기구도 탈 수 있어야 해요 / 혼자 밥을 챙겨 먹을 수 있어야
해요 / 수업 시간에 화장실 가는 걸 참아야 해요 / 영상 하나는 만들 수
있어야 해요 / 비밀 이야기를 들으면 말하지 않아야 해요 / 정말 좋아
하는 연예인 하나쯤은 있어야 해요 / 혼자서 머리 묶을 수 있어요 / 나
를 다스릴 줄 알아야 해요 / 친구를 위로해 줄 수 있어야 해요

가지고 있는 것

찢어지고 낡은 실내화 / 내 개인 국어사전 / 약간의 허세 / 핸드폰에 있
는 연예인 사진 / 좋아하는 책 한 권 / 이해하려고 노력하는 마음 / 도
전할 수 있는 용기 / 단단한 나 / 나만의 명언 / 진정한 친구 / 나만의
생각

아는 것

시간 사용법 / 띄어쓰기 간격 / 집안 청소하는 방법 / 엄마를 설득시키는 법 / 친구의 마음 / 때와 장소를 가리는 방법 / 부모님의 결혼기념일 / 설거지 하는 법 / 틀려도 괜찮다는 것 / 내 꿈 / 우리 반에서 누가 누구를 좋아하는지 / 인생이 힘들다는 것 / 친구가 모르는 게 있으면 친절하게 알려 줘야 한다는 것

■ **진정한 사람은 어떤 사람일까요?**

• 자신의 생각을 솔직히 말할 수 있는 사람

• 앞에서 남을 욕하지 않는 사람

• 상대방의 기분을 파악할 수 있는 사람

• 도움이 필요한 사람을 도을 수 있는 사람

• 옳고 그른 것을 아는 사람

• 노력하는 사람

• 슬픔과 기쁨을 같이 나누는 사람

• 친구가 모르는 것을 알려 주는 사람

• 어려운 일이 있으면 먼저 나서는 사람

• 우는 아이에게 사탕을 건네줄 수 있는 사람

• 죽이 되든 밥이 되든 도전하는 사람

• 자신을 아는 사람

• 돈이 다가 아니라는 걸 아는 사람

• 감사할 줄 아는 사람

• 약속을 지키는 사람

■ '진정한 열세 살', '진정한 사람'에 대한 내용을 담은 책을 만들어 보세요.

앞표지

1쪽(앞표지)   2쪽   3쪽   4쪽

5쪽   6쪽   7쪽   8쪽(뒤표지)

■ **활동을 통해 배우고 느끼고 깨달은 점을 써 보세요.**

· 쓴 내용이 다 비슷할 줄 알았는데 다른 게 많아서 놀랐다. 이제 다들 서로
  의 생각이 달라지고 자신만의 색깔이 나오는 듯하다.

· 내가 진정한 열세 살인지 돌아보게 되었고, 지금 내가 진정한 사람이 아니
  어도 다음번에 진정한 사람이 되면 된다고 생각했다. 나를 다독여 줄 수 있
  는 그런 시간이 되어서 좋았다.

· 친구들이 생각하는 진정한 열세 살, 진정한 사람에 대해 알 수 있었고, 그
  친구의 성격을 조금 파악할 수 있었던 것 같다. 의외인 것도 많았고 비슷하
  거나 한번 생각해 봤던 것도 있었다. 각자 생각하는 진정한 열세 살, 진정
  한 사람은 모두 다르지만 우리 반 모두가 진정한 열세 살인 것 같다.

그림책 미리 보기 2

빗방울이 후두둑

전미화 글·그림 | 사계절

"2015 '볼로냐 국제아동도서전' 올해의 일러스트레이터 선정작이고, 어른을 위한 기운생동 그림책"이라고 소개가 되어 있다.

표지에는 '빗방울이 후두둑'이라는 제목 위로 굵은 빗방울이 떨어진다. 여자는 거센 바람으로 뒤집히고 꺾인 우산을 들고 있다. 여자의 머리카락과 초록 치마, 들고 있는 핸드백도 바람에 날린다. 무슨 일이 벌어질지 궁금해진다. 이런 상황에서 아이들은 어떤 생각을 할까? 비슷한 경험을 떠올리며 생각하기도 싫다고 할까?

바람이 불어 우산이 망가지고, 여자는 비를 피하기 위해 달리다가 넘어져 얼굴이 빨개진다. 게다가 지나가는 차가 뿌린 물세례까지 맞는다. 상황은 갈수록 안 좋아지고 그림책을 보는 사람도 짜증이 날 것만 같다. 이 순간에 필요한 것은 무엇일까?

그림책 주인공처럼 여름철 갑작스런 소나기는 누구도 쉽게 막을 수 없다. 예상치 못한 어려운 상황에서 위기를 극복하는 데 중요한 것이 무엇인지 생각해 볼 수 있는 책이다.

나도 이 그림책처럼 비 오는 날 달리다가 우산도 고장 나고 달리는 차 때문에 물 튀기고 길이 미끄러워 엉덩방아를 찧은 적이 있다. 공감이 잘 되게 쓴 것 같다. 주인공은 비를 피하려고 하다가, 나중에는 비를 맞더라도 천천히 걸어가는 쪽으로 생각이 바뀌었는데 나 역시 그렇게 생각한 적이 있다. ¶

아무리 힘들어도 좋게 긍정적으로 생각을 하면 기분이 좋아지는 것 같다. ¶

최악의 날이라 생각할 수 있지만, 그 사람은 좋은 날로 바꾼 것 같다. 표현이 좋은 책이다. 나도 커서 그런 사람이 될 수 있을까? ¶

어려운 상황 속에서 생각이 바뀌었기 때문에 이겨 낼 수 있었다. 생각을 바꿀 때, 그 생각이 얼마나 중요한지 깨닫게 해 주는 것 같다. 피하기만 했던 일을 즐기는 일로 바꾸어 내는 생각의 변화는 아주 멋지다. ¶

그림이 참 개성이 있었다. 막 그린 것 같기도 했지만 역시 열심히 그린 것 같다. 독특하지만 뭔지 다 알 것 같은 그림들. 보통 사람과 똑같이 그리는 것만이 다는 아닌 것 같다고 생각했다. 주인공을 처음에는 굉장히 불쌍하게 생각했는데 마지막에 다 놓고 걸어가는 걸 보니 '불쌍하다'고 생각하기엔 좀 아닌 것 같다. 나는 '잘 이겨 냈다.'라고 말하고 싶다. ¶

그림책 활동지 <u>나를 가꾸는 중요한 생각</u>

1 '생각'의 뜻을 사전에서 찾아보세요.

2 서정홍 시인의 동시 〈그 말씀 때문에〉를 감상해 보세요.

내 몸에서 / 소똥 냄새 난다고
우리 반 철호가 / 자꾸 시비를 건다

"인교야, / 참을 줄 아는 사람이 / 이기는 기다"

아버지 말씀이 자꾸 떠올라 / 내가 참는다
주먹이 운다 울어 / 그래도 내가 참는다

3 위의 시에 나오는 '아버지 말씀'처럼 나에게 영향을 미친 다른 사람의 말이나 생각
이 있다면 적어 보세요.

4 그림책 《빗방울이 후두둑》을 감상해 보세요.

5-1 요즘 가장 힘든 일과 힘든 까닭을 써 보세요.

5-2 모둠 친구들과 5-1의 이야기를 나누어 보세요. 친구들이 어려움을 이겨 낼 수 있도록 좋은 생각을 이야기해 주세요.

5-3 가장 도움이 된 생각을 고르고 그 까닭을 써 보세요.

6 더 괜찮은 나를 가꾸어 나가는 데 필요한 생각들(명언, 주변 사람들이나 내 생각)을 골라 써 보세요.

① 명언:

② 주변 사람들의 생각:

③ 내 생각:

7 활동을 통해 배우고 느끼고 깨달은 점을 써 보세요.

아이들 활동 엿보기

■ **서정홍 시인의 동시 〈그 말씀 때문에〉를 감상해 보세요.**

- '참을 줄 아는 사람이 이긴다'는 말은 상대방을 이기려고 하기보다는 자기 자신의 마음을 진정시키는 것이 중요하다는 말인 것 같다.

- 우리 반에도 철호 같은 남자애가 있다. 그 애만 생각하면 화가 난다. 그래도 참는다. 왜냐하면 우리 엄마도 참는 게 이기는 것이라고 했다.

- 어떤 말 때문에 멈칫할 때가 있다. 소똥 냄새 난다고 시비를 걸어도 아버지가 했던 말 때문에 참는다는 게 대단한 것 같다.

- 인교는 아버지가 그 말씀을 안 하셨더라면 어떻게 되었을까?

■ **나에게 영향을 미친 다른 사람의 말이나 생각이 있다면 적어 보세요.**

- 밖에 나갔다 와서 신발 뒤집어 놓으면 복 날아간다고 하셨던 아빠의 말씀 때문에 늘 똑바로 벗어 둔다.

- 손장난을 치고 싶었는데 선생님께서 하신 "두 손의 평화"라는 말이 떠올라 평화를 지켰다.

- 엄마가 매번 길거리에 쓰레기를 버리지 말라고 하셔서 쓰레기를 길바닥에 버렸다가 다시 주웠다.

- "울면 지는 거다."라고 엄마 아빠가 말해서 속상한 일이 있어도 되도록 안 울려고 했다.

- 무엇이 더 중요한지 생각하고 먼저 해야 할 것과 나중에 해야 할 것을 생각하라는 엄마의 말씀을 듣고 숙제 먼저 하고 폰을 했다.

■ **요즘 가장 힘든 일을 써 보세요.**

- 아침에 일찍 일어나서 준비하기

- 할 일을 자꾸 미루는 나

- 학원 스케줄

- 남보다 공부를 못하는 나

- 엄마랑 아빠가 계속 언니랑 비교를 한다.

- 친구랑 기획사에 오디션을 보려고 하는데 부모님이 교사를 하라고 하시며 반대하시는 게 힘들다.

- 숙제를 할 때 집중해서 한 번에 끝내야 하는데 딴 짓을 해서 오래 걸린다

- 여자인 나한테만 집안일을 시킨다.

■ **친구들이 어려움을 이겨 낼 수 있도록 좋은 생각을 이야기해 주세요.**

학원	• 학원은 당연히 힘들지. 근데 나한테 도움이 되는 점이나 그것 때문에 좋아진 점을 생각해 봐. • 학원이 힘들 때 그냥 다니지 마. • 학원 개수가 너무 많다고 생각이 들 때는 '몇 개밖에 안 남았잖아.' 하고 생각해 봐. • 집에서 스스로 하겠다고 해 봐!
숙제	• 만약 숙제가 많으면 놀거나 휴대폰을 만지는 시간을 조금 줄이고 그 시간에 숙제를 해. • 미뤄서 할 때의 그 고통을 생각해서 빨리 해 봐! • 하루 계획표를 세우는 것도 나쁘지 않을 것 같아! 아니면 습관을 들이는 것도 좋을 듯.

친구들에게 좋은 생각 써 주기

■ **가장 도움이 된 생각을 고르고 그 까닭을 써 보세요.**

- "오늘 하루 수고했어."라는 말을 매일 저녁에 스스로에게 해 준다면 덜 피곤할 것 같다. '오늘 하루 동안 많은 것을 배웠네.'라고 생각하면 조금 더 힘차게 생활할 수 있을 것 같다.

- '타이머를 맞춘다.'라는 문장이 딱 머릿속에 들어왔다. '이제부터는 제대로 해야지.' 하고 마음먹게 해 주었기 때문에.

- 유림이가 하루 계획표를 만들어서 해 보라고 했는데, 그러면 안 까먹고 할 수 있을 것 같다.

- 예원이가 부모님께 부드럽게 부탁해 보라고 했는데, 그러고 보니까 나는 항상 부모님께 짜증내고 화내면서 말했기 때문에 예원이의 방법이 눈에 들어왔다.

- 다른 애들은 그냥 다 즐기라고 했는데, 참고 후딱 해 버리고 다음에 더 즐거운 것을 하는 게 제일 좋은 방법인 것 같다.

■ **더 괜찮은 나를 가꾸어 나가는 데 필요한 생각들을 골라 써 보세요.**

명언	• 절대 후회하지 말라. 좋은 일이면 그것은 멋진 일이고 나쁜 일이면 경험이다. • 실패한 것이 부끄러운 것이 아니다. 도전하지 못한 비겁함이 더 치욕이다. • 당신이 하는 거의 모든 일은 사소하다. 하지만 당신이 그 일을 한다는 건 매우 중요하다. • 절망은 어리석은 자의 결론이다. • 얼굴은 마음의 거울이며 눈은 말없이 마음의 비밀을 고백한다.
주변 사람들의 생각	• 힘들어도 계속 생각하려고 노력하자. • 홈런을 치려면 안타부터 쳐라. • 죽이 되든 밥이 되든 해 봐야 밥 짓는 능력이 생긴다. • 내 가치는 내가 정한다. • 힘 내! 널 믿어! 네 안엔 엄청난 것들이 숨어 있다고!
내 생각	• 선생님께서 "심장에서 발까지의 거리가 제일 멀다"고 했는데, 나는 지금 그 길을 알고 있다. 바로 습관이다. • 노래 부를 때 창피하더라도 자신 있게 부르는 것이 좋은 방법 아닐까? • 할 수 있다고 생각하면 정말 할 수 있다는 교훈을 읽었다. • 끝까지 할 수 있다는 생각을 갖고 최선을 다해서 하면 내 자신이 뿌듯하다. • 자꾸 연습하거나 노력하면 잘할 수 있을 거야.

■ **활동을 통해 배우고 느끼고 깨달은 점을 써 보세요.**

• 생각의 힘은 대단한 것 같다. 곤경에 처해도 생각을 긍정적으로 한다면 아무리 힘든 일이 생겨도 헤쳐 나갈 수 있다는 것을 알았다. 도전하는 것은

좋은 거고 도전해서 실패하더라도 아예 도전을 안 하는 것이 더 비겁하다고 생각한다. 긍정적으로 생각하면 뭐든지 할 수 있을 것 같다. 앞으로도 긍정적으로 도전하는 정신을 갖고 살아야겠다.

- 내가 이런 말들을 했고, 저런 좋은 말을 들었구나. 이 말들을 듣고 내가 좀 더 나아졌을까? 힘이 되는 말을 해 준 친구들, 선생님이 존경스럽다.

- 도움이 될 만한 명언을 찾아보니 정말 멋있는 말이 많아서 놀랐다. 가끔 시간 날 때마다 명언을 찾아봐야겠다. 그리고 내 힘든 점에 대해 친구들이 써 준 생각이 정말 많은 도움이 되어서 좋았다.

- 내가 힘들거나 지칠 때 힘이 되는 명언을 찾아서 좋았다. 참나무 댓글을 그냥 슥 넘겼는데 선생님께서 깊이 생각하시고 쓰셨을 것 같아서 죄송했다. 이제 코멘트를 자세히 보고 생각한 다음 넘겨야겠다.

- 생각의 뜻이 이렇게 다양할 줄 몰랐다. 내 자신을 돌아볼 수 있어서 좋았다. 나를 가꾸어 가는 데 필요한 생각들도 정리해 보고 친구들이 해 준 이야기도 도움이 되어서 좋았다. "뭐든지 끝이 있는 것!" 이 말이 도움이 많이 됐다.

함께 볼만한 그림책

중요한 사실

마거릿 와이즈 브라운 글 · 최재은 그림 | 최재숙 옮김 | 보림

표지는 예쁜 리본으로 포장된 선물 같다. 나에게 중요한 일, 우리 주변의 자연과 물건들에 관한 중요한 사실을 책 속에 담았기에 귀한 선물 상자처럼 포장을 한 듯하다. 큰 의미를 두지 않고 쉽게 지나칠 수도 있는 숟가락, 데이지, 비, 눈, 풀, 사과, 바람, 하늘, 신발에 관한 중요한 사실들을 이야기한다. 운율이 살아 있는 글과 따뜻한 그림이 조화를 이룬다. 모든 사물에는 존재 이유가 있음을 느끼게 한다. 마지막엔 '너에 관한 중요한 사실'을 말한다. 그리고 자신을 바라보도록, 마주하도록 작은 거울이 그림책에 붙어 있다. '나'에겐 어떤 중요한 사실이 있을까?

무슨 생각하니?

로랑 모로 글 · 그림 | 박정연 옮김 | 로그프레스

표지 인물은 나뭇가지에 앉은 새를 생각한다. 어떤 생각을 품은 걸까? 로랑 모로는 아주 간단한 '플립북'의 형태를 사용하여 그림책 속의 사람들이 어떤 상상을 하고 있는지 재밌게 풀어냈다. 수수께끼를 푸는 것 같다. 독특하고 따뜻한 분위기의 그림들이 가득하다. 신나는 모험, 단 것을 먹고 싶은 생각, 누군가에게 반한 느낌, 행복한 느낌, 질투심, 혼자 있고 싶은 느낌을 그림으로 나타낸 것이 신선하다. 이 책은 아이들이 각자 떠오르는 생각이나 느낌을 보다 손쉽게 그림으로 표현하도록 안내한다. 생각을 표현하기 어려워하는 아이들에게 좋은 그림책이다.

수업 나누기

아이들은 성장하는 동안 의미 있는 순간들을 지나친다. 또렷이 떠오르는 일도 있고 희미하게 기억나는 일도 있다. 너무 사소해서 생각나지 않는 일도 있고 너무나 큰 일도 있다. 그 모든 순간이 지금의 아이들을 키우는 데 기여했다. 그런데 아이들은 사소한 일에는 큰 의미를 두지 않는다. 그림책 《발걸음》을 읽고 아이들은 지나온 일들도 떠올리고 자기가 자라는 동안 보살펴 주신 주변의 사람들을 생각해 냈다. 그동안 잊고 지낸 소중한 경험들을 떠올리며 얼마나 많은 사람이 자기를 도와주고 지켜봐 주었는지 생각하게 되었다. 《나는 자라요》를 읽고 아이들은 자신을 키운 소중한 순간들이 특별한 경험만이 아니라 일상에서도 벌어진다는 것을 깨닫게 되었다. 자신을 키운 순간들을 함께 이야기 나누며 친구들을 더 깊이 이해하였다.

　인생 벽시계를 만들고 이야기를 나누며 서로 다른 삶의 방식과 미래를 만나게 되었다. 과거에 만난 '소중한 물건'과 '소중한 사람'에서 한 걸음 더 나아가 현재의 '소중한 순간'에 대해 고민하며 《진정한 일곱 살》을 읽었다. 아이들은 지금 자신에게 참되고 올바른 것이 무엇인지 고민했다. 이 나이에 걸맞은, 이 정도쯤은 할 수 있고 가지고 있고 알아야 하는 것을 이야기했다. 진정한 열두 살, 열세 살의 모습을 찾으면서 아이들은 자기 자신, 친구들, 자연과 대화를 하게 되었다. 나와 친구의 소중한 순간을 이야기하며 지금의 나를 존중하고 친구들을 인정하는 경험을 하게 되었다. 앞으로 아이들이 걸어갈 길에서 안정감을 갖고 도

전하고 용기를 낼 수 있을 것이라고 믿는다.

아이들이 힘들어하는 문제들은 학원과 공부로 바쁜 일상, 남들과 비교당하는 일, 진로에 대해 반대하는 부모님, 해야 할 일을 미루는 습관, 남녀 차별의 문제 등이 있었다. 좀 더 멀리 떨어진 문제는 불확실한 미래, 전쟁에 대한 불안도 있었다. 이런 여러 문제에 대처하는 행동에 앞서 아이들은 여러 생각을 하게 된다. 아이들은 '생각'이 우리를 어떻게 바꾸는지 잘 모른다. 그래서 생각의 힘을 깨닫기를 바라며 그림책 《빗방울이 후두둑》을 읽었다. 이 책을 읽고 아이들은 긍정의 힘을 배웠다. '나를 가꾸는 중요한 생각' 활동에서 아이들은 친구들의 어려움에 각자의 방식으로 조언을 해 주었다. 문제에 대해 또래의 생각과 이야기를 듣고 내가 찾지 못한 해결의 방식을 찾았다. 아이들은 앞으로 힘들 때 주변의 부모님, 선생님, 친구들이 해 주는 좋은 생각들로 어려움을 헤쳐 나갈 수 있겠다고 했다. 혼자 끙끙대지 않고 주변 사람들과의 소통으로 해결하려는 삶의 자세를 배울 수 있는 시간이었다. 생각이 바뀌면 운명이 바뀐다고 한다. 아이들은 과거의 '중요한 순간' 못지않게 '중요한 생각'도 나를 키우는 소중한 것임을 알게 되었다.

꿈, 꾸고 가꾸고

되고 싶은 사람

그림책 미리 보기

나는 노벨상을 받을 거야
이자벨 핀 글·그림 | 김서정 옮김 | 문학과지성사

'노벨상' 하면 무엇이 떠오를까? 우리나라 사람이 받기 어려운 상, 다이너마이트 같은 것이 떠오르기도 하고, 여러 분야의 상 가운데 김대중 대통령이 받은 노벨평화상도 떠오른다. 노벨평화상은 개인만이 아니라 단체가 받을 수 있는 상이기도 하다. 제목 '나는 노벨상을 받을 거야'를 보며 이렇게 노벨상에 대한 이야기로 그림책을 보기 시작하면 좋겠다. '노벨상을 받는다'는 게 어떻게 되고 싶다는 뜻인지도 이야기해 보면 좋겠다.

빨간 면지를 지나 속표지로 가면 남자아이가 '빵 빵' 하며 총 쏘는 흉내를 내고, 여자아이가 도망가는 그림이 나온다. 표지에 있는 아이가 총을 허리에 차고 있는 것과 관련이 있어 보인다. 노벨상을 받겠다는 아이의 다짐과 전쟁은 무슨 관련이 있을까?

그림책은 왼쪽에는 간단한 그림과 글, 오른쪽에는 그림만 있다. 그런데 왼쪽의 글과 오른쪽 그림이 맞지 않는다. 왼쪽 면에 "내 도움이 필요한 사람에게 힘이 되어 줄 거야."라는 글이 있고, 오른쪽 면에는 두 손 가득 짐을 들고 가는 할머니를 곁눈질하며 모른 척하는 아이가 있는 식이다. 노래까지

흥얼거리는 모습은 놀랍기까지 하다. 이렇게 말과 행동이 다른 아이들의 모습을 글과 그림으로 잘 보여 주고 있다. 아이들은 정말 이렇게 겉과 속이 다르기만 할까? 그래서 노벨상을 받겠다는 마음은 정말 마음뿐인 것일까?

아이들이 되고 싶은 사람, 해 보고 싶은 일을 이야기할 때 친구들이나 어른들은 어떻게 들어 주면 좋을지 생각해 보게 되는 작품이다.

상을 받고 싶거나 좋은 일을 하려면, 생각만 하지 말고 지금의 내가 무엇을 하고 있는지, 내가 어떤 사람인지부터 알아야 될 것 같다.

주인공이 "나는 물건을 뺏는 사람을 혼내 줄 거야."라고 할 때, 자기는 5~6개씩 가지고 있으면서 혼낸다는 건 아니라고 생각했다. 말로만 하지 말고 실천하자고 생각했다. '나는 노벨상을 받을 거야'가 아니라 아예 '이렇게 하면 돼?'라고 세복을 짓는 것이 나을 것 같다. 내가 하고 싶은 일을 말로만 하지 말고 실천하자고 마음속으로 얘기했다. 지금의 삶도 삶이라는 것을 깨닫게 해 주었다.

'내가 크면 ○○○ 할 거야.'라고 하고 그것과 반대로 행동한 것은 나쁘다. 실수하는 것을 인정하고 사과를 해야 한다. 그렇게 해서라도 용서를 빌어야 한다. 잘못한 것에 대해서.

나도 항상 내일부터, 다음 주부터, 다음 달부터…… 이렇게 미루는 성향이다. 근데 미루지 않고 '지금 당장 오늘부터'로 바꿔야 되겠다. 그리고 항상 말보다는 실천을 해야겠다.

네가 크면 말이야
이주미 글·그림 | 현북스

'앤서니 브라운 그림책 공모전' 수상작이다. 앤서니 브라운과 덴마크 그림책 작가인 한나 바르톨린이 현북스와 함께 시작한 이 공모전의 첫 번째 수상작은 《딸기 한 알》이다. 신인 작가들의 멘토가 되고 싶다는 뜻으로 만든 공모전으로, 2011년에 시작되었다. 그동안 출판된 수상작들을 살펴보는 것도 재미있다.

제목이 '내가 크면 말이야'가 아니라 '네가 크면 말이야'이다. 그러니까 자신이 무엇이 되겠다고 말하는 것이 아니라, 너는 크면 어떤 사람이 될 건지 이야기하는 작품이다. 누군가의 꿈을 응원해 주는 데 이런 방법도 있다는 것을 알려 준다.

아이들의 꿈 색깔과 비슷한 주황색 면지를 지나면, 표지처럼 아이의 사진이 그림 속에 들어가 있다. 아이는 농부가 되어 밭을 가꾸기도 하고, 축구 선수가 되어 그라운드를 누비기도 한다. 두 면 가득 펼쳐진 아이의 꿈, 아이가 되고 싶은 사람의 모습은 밝고 유쾌해서 저절로 응원해 주고 싶어진다. 그림뿐만이 아니다. "네가 선생님이 된다면 인생을 즐겁게 사는 방법을 가르칠 거야." "네가 군인이 된다면 평화를 가장 사랑하는 용감한 장군이 될 거야." 같은 글도 아이의 꿈에 힘찬 박수를 보내고 싶게 만든다. 시작할 때 어른들 발 아래 작게 있던 아이는, 꿈을 응원 받으면서 온 마을을 한눈에 내

려다볼 수 있을 만큼 자란다. 아이가 자라면서 꿈이 저절로 자라는 건 아닐 것이다. 이렇게 누군가의 응원, 격려, 믿음이 필요하다.

누군가가 직업을 딱 정해 주는 게 아니고 '만약 네가 이렇게 하면 이렇게 될 거야.'라고 해 주면 참 좋을 것 같다. 나도 다른 사람들에게 이런 말을 해 주고 싶다.

누가 나에게 저렇게 말해 주면 정말 고맙고 행복할 것 같다. 커서 사람들에게 꿈과 희망을 주는 사람이 되고 싶다는 마음이 생겼다.

'네가 크면 어떤 사람이 될 거야.'가 아니라 '어떤 사람이 돼서 이렇게 될 거야.'라는 표현이 자연스러워서 좋았다. 나도 어떤 사람이 되겠지? 이 책은 꿈이 없는 아이들에게 추천해 주면 좋을 것 같다.

나는 꿈을 아직 못 정했지만 무엇인가를 위해 하는 그런 사람이 되고 싶다. 이 책은 목표하는 꿈이 확실하지 않은 사람이 읽으면 좋겠다. 나는 화가, 천문학자, 건축가 등 하고 싶은 것이 많다. 나는 그냥 나의 마음을 표현하고 가족을 위해 열심히 사는 사람이 되고 싶다.

내가 모르는 직업이 많았다. 직업은 많지만 좋다고 생각하는 직업이 별로 없었는데 이 책으로는 모든 직업이 좋아 보였다. 좋은 직업이라고 생각한 것이 돈 많이 받고 안 힘든 것이라고 생각을 했는데 말이다.

그림책 활동지 이런 사람이 되고 싶어

1-1 어떤 사람이 되고 싶은지, 여덟 가지를 써 보세요.

- A4 종이를 8등분으로 접어서 한 곳에 하나씩 씁니다.
- 어떤 성격을 가진 사람이 되고 싶은지도 좋고, 직업도 좋습니다.

  (예) 어떤 일이든 즐기면서 하고 그러면서 재미와 행복을 만드는 사람

- 직업 앞에는 설명을 써 보세요.

  (예) 마음이 아픈 사람들의 이야기에 귀 기울이고 힘을 줄 수 있는 상담사

1-2 선생님 이야기를 잘 듣고 활동해 보세요.

① 되고 싶은 사람, 꿈을 쓴 A4 종이를 8등분해서 자르세요. ② 책상 위에 여덟 가지 꿈을 펼쳐 놓고 다시 한 번 읽어 보세요. ③ 정말 되고 싶은 사람 네 가지를 골라 보세요. ④ 네 개를 잘 읽어 보세요. ⑤ 이런 사람이 되면 정말 뿌듯하고 행복하겠다 싶은 것 두 가지를 고르세요. ⑥ 두 가지를 다시 읽어 보세요. ⑦ 정말 간절히, 진심으로 되고 싶은 사람 하나를 골라 보세요.

2-1 마지막으로 남은 종이 안에 있는 것을 이곳에 옮겨 쓰세요.

2-2 되고 싶은 사람, 되어야겠다고 생각하게 된 일은 무엇인가요? 자신의 어떤 면 이 그런 사람과 잘 맞는다고 생각하나요?

3-1 그림책 《나는 노벨상을 받을 거야》를 감상해 보세요.

3-2 2-1에 쓴 그런 사람이 되기 위해 지금 무엇을 해야 할까요?

3-3 미래의 모습을 여러 가지 방법으로 표현해 보세요.

3-4 지금까지 활동한 것을 담아 꿈판을 만들어 보세요.

4-1 그림책 《네가 크면 말이야》를 감상해 보세요.

4-2 친구가 되고 싶다고 한 사람에 대해 이야기하고, 친구의 꿈을 응원해 주세요.

- 친구의 어떤 면 때문에 그런 사람이 될 수 있을지 씁니다.
- 친구에게 어울리는 새로운 직업을 제안하는 것도 좋습니다.

4-3 2-1에 쓴 것과 관련된 인물에 대해 이야기해 보세요. '그런 사람' 하면 떠오르는 인물이나 그 직업을 가진 사람 가운데 가장 닮고 싶은 인물을 조사해 보세요.

인물 이름	
하는 일	
그 일을 하기 위해 필요한 것	
그 일을 하면 힘든 점, 좋은 점	

5 활동을 통해 배우고 느끼고 깨달은 점을 써 보세요.

아이들 활동 엿보기

■ **어떤 사람이 되고 싶은지, 여덟 가지를 써 보세요.**

되고 싶은 사람   펼쳐 놓고 고르기
여덟 가지 쓰기

어렵더라도 끝까지 해내는 사람 / 항상 밝은 얼굴로 사람들을 맞이하는 사람 / 꿈을 위해 노력하는 사람 / 많은 관객과 신나게 놀 수 있는 가수 / 많은 돈이 있다고 해도 신중하게 돈을 쓰는 사람 / 오늘 해야 할 일을 내일로 미루지 않는 사람 / 사회에 관심이 있는 사람 / 가족과 여행을 자주 다니는 사람 / 지역 주민들이 행복하게 살 수 있도록 도와주는 공무원 / 바른 일이 아닌 것은 아니라고 말할 수 있는 용기 있는 사람 / 아이들을 사랑하고 품어 주고, 책도 읽어 주는 선생님 / 같이 있으면 마음이 편해지는 사람 / 겉멋 든 사람이 아니라 속이 꽉 차 있는 사람 / 아무리 바쁘더라도 한 달에 한 번은 1박 2일 여행을 가는 사람 / 세상에 하나뿐인 아름다운 건물을 짓는 건축가 / 운전해서 전국을 돌아다니며 맛집 탐방하는 사람

■ 마지막으로 남은 종이 안에 있는 것을 써 보세요.

- 항상 밝게 인사하는 사람

- 아무리 바쁘더라도 한 달에 한 번은 1박 2일 여행을 가는 사람

- 내가 좋아하고 재미있어 하는 직업을 가진 사람

- 언제나 어떤 일이 있어도 환자를 살리려 노력하는 신경과 의사

- 웃음으로 사람들의 한구석에 자리 잡은 슬픔과 외로움을 치유해 주고 사람들을 위해 뭐든지 견뎌 내고 희생하는 개그맨

- 힘들게 사는 사람들과 동물들에게 아낌없이 나누어 줄 수 있는 마음이 넓은 사람

- 공정한 심판을 해서 아무도 억울하지 않고 억울한 사람의 억울함을 풀어 줄 수 있는 판사

- 우리나라 전통 악기 소리, 대한민국다운 소리를 내는 거문고 연주가

- 희망을 버리지 않는 마음씨를 가진 사람

- 내가 아닌 남에게도 행복을 주는 뮤지컬 배우

- 언제 어디서든지 자신의 의견을 당당하고 정확하게 표현할 수 있는 사람

- 실력도 좋지만 선수들과의 매너도 지키고 친절하고 기부도 많이 하는 축구 선수

- 희망을 버리지 않는 사람

■ 되고 싶은 사람, 되어야겠다고 생각하게 된 일은 무엇인가요? 자신의 어떤 면이 그런 사람과 잘 맞는다고 생각하나요?

항상 밝게 인사하는 사람

사람과 친해지려면 첫인상이 좋아야 하는데 인사를 잘하면 내가 먼저 다가갈

수 있고 더 친해질 수 있다고 생각한다. 또 무뚝뚝하게 말을 건네는 것보다는 웃으면서 말을 건네야 인사를 받는 사람도 더 편하고 인상이 더 좋게 보일 수 있기 때문이다. 그리고 나는 많은 사람과 친해지고 싶다.

아무리 바쁘더라도 한 달에 한 번은 1박 2일 여행을 가는 사람
커서 어떤 일을 하더라도 한 달에 한 번 여행을 다니면서 삶의 즐거움을 느끼고 싶고 여러 가지 새로운 것을 알고 싶어서.

내가 좋아하고 재미있어 하는 직업을 가진 사람
내가 좋아하고 재미있어 하는 직업을 가지면 일을 하는 것도 재미가 있고 즐겁게 할 수 있지만, 만약에 그렇지 않으면 일을 억지로 하고 재미도 없어서 일을 하기 싫어질 것 같기 때문이다.

언제나 어떤 일이 있어도 환자를 살리려 노력하는 신경과 의사
세상에서 가장 중요한 게 사람의 생명이라고 생각한다. 생명과 건강을 지키는 사람이 되고 싶다. 병원에 갔다가 쉴 틈 없이 뛰어다니는 신경과 의사를 봤다. 거기에서 감동을 받았다.

웃음으로 사람들의 한구석에 자리 잡은 슬픔과 외로움을 치유해 주고 사람들을 위해 뭐든지 견뎌 내고 희생하는 개그맨
예전에 개그 프로그램을 봤는데 개그맨과 개그우먼들은 위험하고 다칠 수 있는 일을 하고 사람들을 웃기는데, 사람들을 위하여 자신의 몸을 희생하는 것이 인상 깊었다. 사람들이 나를 보고 많이 웃은 것을 보고 개그맨이 꼭 되고 싶었다.

■ 그런 사람이 되기 위해 지금 무엇을 해야 할까요?

· 힘들게 사는 사람들과 동물들에게 아낌없이 나누어 줄 수 있는 넓은 마음을 가진 사람: 동물이나 사람을 괴롭히는 걸 보면 용기 있게 하지 말라고 말해야겠다. 필요한 게 있는 친구에게 물건을 빌려줘야겠다.

· 공정한 심판을 해서 아무도 억울하지 않고 억울한 사람의 억울함을 풀어 줄 수 있는 판사: 법에 관해서 열심히 공부한다, 순간순간 올바르게 판단할 수 있는 판단력을 키운다, 입장을 바꿔서 생각해 보는 연습을 한다.

· 우리나라 전통 악기 소리, 대한민국다운 소리를 내는 거문고 연주가: 거문고에 대해 잘 알기 위해서 거문고 영상을 자꾸만 봐야 한다, 거문고 실력을 키우기 위해 연습을 해야 한다, 닮고 싶은 사람을 찾아야 한다.

■ 미래의 모습을 여러 가지 방법으로 표현해 보세요.

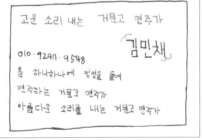

명함

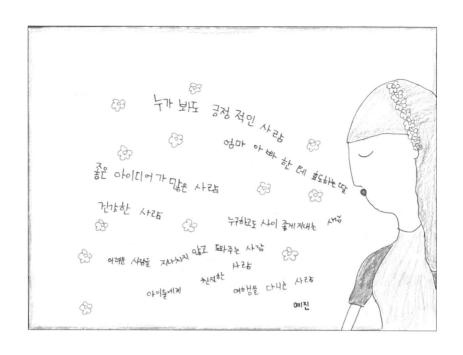

꿈판

■ 친구가 되고 싶다고 한 사람에 대해 이야기하고, 친구의 꿈을 응원해 주세요.

친구의 꿈 응원해 주기

꿈판에 응원 글 쓰기 1

꿈판에 응원 글 쓰기 2

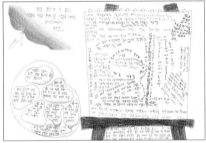

꿈판에 응원 글 쓰기 3

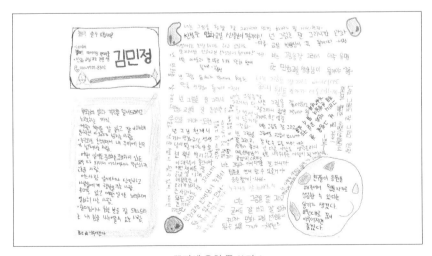

꿈판에 응원 글 쓰기 4

미래의 명함, 일곱 가지 꿈, 꿈 응원판을 담은 꿈책 – 앞표지

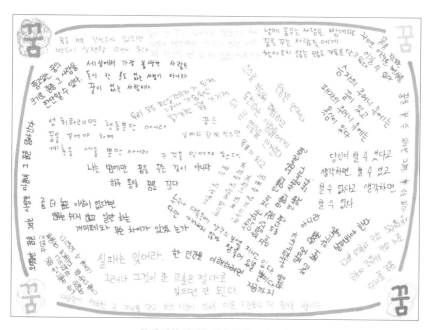

꿈에 관한 명언을 담은 꿈책 - 뒤표지

| 꿈책 앞표지 | 꿈책 뒤표지 |

■ '그런 사람'에 대해 조사해 보세요.

힘들게 사는 사람들과 동물들에게 아낌없이 나누어 줄 수 있는 마음이 넓은 사람

- **대표적 인물**: 윤신근 수의사. 지난 2011년에 5억 원을 기부하고 2013년에 또 6억 원을 기부했다. 서울시에 '유기 고양이 무료 수술'을 제안했다.
- **필요한 것**: 수의사가 되려면 수의과대학, 수의학과로 진학해야 한다. 수의학 과는 수의예과 2년, 수의학과 4년으로 총 6년간 공부해야 한다.
- **좋은 점**: 동물에게 기부하고 동물을 치료하면서 보람되고 뿌듯하다. 동물의 보호자가 치료해 줘서 감사하다고 할 때 뿌듯하고 보람을 느낄 수 있다.

실력도 좋지만 선수들과의 매너도 지키고 친절하고 기부도 많이 하는 축구 선수

- **대표적 인물**: 게리 리네커. 잉글랜드의 전설이라고 불리는 축구 선수이고 공 격수이다. 경고와 퇴장을 한 번도 받은 적이 없어서 신사라 불린다.
- **필요한 것**: 몸싸움, 태클을 많이 하지 않는다. 난 축구를 하기 위해선 매너가 중요하다고 생각한다. 그래야 게리 리네커처럼 경고나 퇴장을 받지 않을 수 있다.
- **좋은 점**: 그 일을 하면 역사에 남을 수도 있다.

우리나라 전통 악기 소리, 대한민국다운 소리를 내는 거문고 연주가

- **대표적 인물:** 고보석
- **하는 일:** 거문고라는 악기를 연주하고 사람들에게 거문고를 알리는 것
- **필요한 것:** 거문고 수업, 거문고 연습하기, 동영상 찾아보기
- **좋은 점:** 내 마음이 편해지고 스트레스를 풀 수 있다.

■ **활동을 통해 배우고 느끼고 깨달은 점을 써 보세요.**

- "너 뭐가 되고 싶니?" 하면 딱히 할 말이 없었는데 이젠 당당히 말할 수 있을 것 같다.
- 친구들의 응원을 들으니 꿈을 이룰 수 있다는 자신감이 생겼고, 나를 믿어 주는 사람들이 있다고 생각하니 든든하다.
- 내 꿈을 정한다는 것은 내 삶의 길을 결정한다는 것과 같다. 그래서 신중히 생각하고 결정해야 한다. 이제 내 꿈을 정했으니 열심히 노력해서 꿈을 이루어 보자. 남들보다 뛰어난 거문고 연주가가 아니라 남들과 어울릴 수 있는 거문고 연주가가 되자!
- 난 내 꿈만 정해 놨지 그 꿈을 어떻게 실천하고 가꿀지는 단 한 번도 진심으로 생각을 해 본 적이 없다. 그런데 그 진심을 담아 꿈 응원판을 만들고 명함도 만들었다. 이런 활동도, 이런 생각도 처음 해 봤다. 꼭 꿈이 이루어지면 좋겠다.
- 내가 되고 싶다고 생각한 사람, 일, 직업에 한 걸음 더 다가간 것 같다. 그리고 그렇게 하고 싶다고 생각만 한다고 되는 게 아니라 지금처럼 조사하고 생각하고 노력해야 된다는 것을 알았다. 더욱더 노력해서 내 꿈을 이루고 싶다.

함께 볼만한 그림책

무슨 꿈이든 괜찮아
프르체미스타프 베히테로비츠 글 · 마르타 이그네르스카 그림 | 김서정 옮김 | 마루벌

아이들에게 꿈이 무엇이냐고 묻고 그 답을 들었을 때 당황했던 적이 한 번쯤은 있을 것이다. 귀신이 되고 싶다는 아이, 토마토가 되고 싶다는 아이에게 어떤 이야기를 해 주면 좋을까? 꿈은 많을 수록 좋다고 하는데, 꿈은 이루어져서가 아니라 꿀 수 있어서 좋다고 하는데…… '무슨 꿈이 그래?' '그건 꿈이 아니잖아!'라고 할 게 아니라 '무슨 꿈이든 괜찮아!'라고 어깨를 토닥여 줄 수 있는 세상이 되면 좋겠다.

엄마 황새, 하루살이, 태양 같은 존재들의 꿈이 무엇인지 생각해 보는 재미가 있다.

내 꿈이 최고야
코랄리 소도 글 · 니콜라 구니 그림 | 김현희 옮김 | 풀빛

롤라는 아이들과 함께 지내고 싶어서 선생님이 될 거라고 말한다. 그런데 '아이들이 아프면 어떻게 하지?' 생각하다가 의사로 꿈을 바꾼다. 이 말을 들은 티보는 동물이 좋다며 수의사가 되고 싶다고 하고, 티보의 말을 듣고 "나는 아픈 동물은 싫어!"라며 루이는 상어 조련사가 되겠다고 한다. 그 말을 듣고 평생 물에서 사는 건 무섭다는 레오는 선장이 되겠다고 말을 잇는다. 자기 꿈이 '최고'라고 경쟁하듯 말하고 우기는 게 아니라 서로의 꿈에서 자기 꿈을 찾아 나간다. 다음 장면에 이어질 직업을 짐작해 보는 재미가 있다. 롤라가 선생님과 의사 가운데 어떤 걸 고르게 될지 예측해 보는 재미도 있다.

수업 나누기

아이들에게 "너의 꿈은 뭐야?"라고 물을 때, '꿈'은 흔히 직업을 뜻한다. 직업에 대해 잘 알지 못하는 어린아이들은 되고 싶은 물건을 이야기하기도 하고, 눈에 보이지 않는 어떤 것이 되고 싶다고도 한다.

그러나 누구든 '꿈이 무엇이냐?'라는 물음에 답할 때, 현재 중요하게 생각하는 것이나 간절히 원하는 것, 또는 마음을 빼앗긴 것을 이야기하기 마련이다. 그래서 아이들의 꿈을 이야기하는 활동은 미래의 이야기를 하는 것이기도 하지만 지금의 이야기를 나누는 것이기도 하다. 그래서 직업과 관련된 꿈만이 아니라 '되고 싶은 사람'으로 활동을 시작했다.

되고 싶은 사람을 쓴 여덟 장의 종잇조각을 책상 위에 펼쳐 놓은 아이들은 참 진지했다. 더 되고 싶은 사람을 고를 때마다 고민했고, 마지막으로 간절히 되고 싶은 한 사람을 고를 때는 여기저기서 "아!" 하는 소리가 들렸다. 나머지 꿈을 버려서 안타까운 게 아니라 정말 더 되고 싶은 것이어서 그랬을 것이다.

되고 싶은 사람 여덟 가지를 쓰는 데 어려움을 겪는 아이들이 있다. 잘 살펴보고 살며시 다가가 잘하는 것을 이야기해 주어도 좋고, 모둠에서 친구들이 잘하는 것을 이야기 나눈 다음에 하는 것도 좋다. 마지막에 고른 것을 가지고 표현하기를 할 때, 고학년은 명함을 만들고 저학년은 미래의 모습을 그려 보면 좋겠다. 미래의 모습 옆에 나머지 일곱 가지 꿈을 함께 넣으면 더 좋다. 미래의 명함, 일곱 가지 꿈, 꿈판(꿈 응원판)을 모아서 꿈책을 만들었다. 미래의 아이들이

지금 만든 꿈책을 보고 어떤 생각을 할지, 그 꿈을 이루어 흐뭇하게 웃고 있을지 궁금하다.

서로의 꿈을 궁금해 하고 응원해 주고 새로운 꿈을 제안하면서 아이들은 자기 꿈에 한 발 더 다가가게 되었고, 서로에게 고마워했다. 꿈을 정하지 못한 아이들뿐 아니라 꿈이 없다고 말하는 아이들에게 이 활동은 큰 힘이 될 것이다. 함께 꿈꾸는 아이들, 그 아이들은 자신을 키울 뿐만 아니라 세상을 바르게 키울 것이다.

꿈을 갖는다는 것은, 꿈이 있다는 것은 직업에만 한정된 이야기가 아니다. 만약 그렇다면 직업을 가진 사람들은 더 이상 꿈이 없다는 말이니까. 꿈이란 하고 싶은 일을 하고 그것을 통해 이루고 싶은 것을 말한다.

나와 세상을 만나는 온작품읽기 1
자존감을 키우는 그림책 여행

지은이 | 전국초등국어교과모임 연꽃누리

1판 1쇄 발행일 2018년 2월 5일
1판 3쇄 발행일 2019년 7월 22일

발행인 | 김학원
편집주간 | 김민기 황서현
기획 | 문성환 박상경 임은선 김보희 최윤영 전두현 최인영 정민애 김주원 이문경 임재희 이화령
디자인 | 김태형 유주현 구현석 박인규 한예슬
마케팅 | 김창규 김한밀 윤민영 김규빈 김수아 송희진
제작 | 이정수
저자·독자서비스 | 조다영 윤경희 이현주 이령은(humanist@humanistbooks.com)
용지 | 화인페이퍼
출력·인쇄 | 청아문화사
제본 | 정민문화사

발행처 | (주)휴머니스트 출판그룹
출판등록 | 제313-2007-000007호(2007년 1월 5일)
주소 | (03991) 서울시 마포구 동교로23길 76(연남동)
전화 | 02-335-4422 팩스 | 02-334-3427
홈페이지 | www.humanistbooks.com

ⓒ 전국초등국어교과모임 연꽃누리, 2018
ISBN 979-11-6080-111-8 04370

• 이 도서의 국립중앙도서관 출판예정도서목록(CIP)은 서지정보유통지원시스템 홈페이지(http://seoji.nl.go.kr)와 국가자료공동목록시스템(http://www.nl.go.kr/kolisnet)에서 이용하실 수 있습니다.(CIP제어번호 CIP2018002991)

만든 사람들

편집주간 | 황서현
기획 | 문성환(msh2001@humanistbooks.com)
일러스트 | 정아름
디자인 | 최우영